A Conquista da Felicidade

Através de 65 Pensamentos Budistas

KODO MATSUNAMI

Tradução:
Murillo Nunes de Azevedo

2ª Edição

EDITORA TEOSÓFICA
Brasília-DF

A Conquista da Felicidade

Através de 65 Pensamentos Budistas

KODO MATSUNAMI

Tradução:
Murillo Nunes de Azevedo

EDITORA TEOSÓFICA
Brasília-DF

Título do original em inglês
How to Achieve Happiness
— Through 65 Buddhist Sayings

Kinryuji Searchlight Center, Tochigi, Japão

SGAS — Quadra 603 — Módulo 20
70.200-630 — Brasília, DF.
Tel.: (061) 322-7843
Fax: (061) 226-3703

Primeira edição: 1997
Segunda edição: 1999

A Conquista da Felicidade
— Através de 65 Pensamentos Budistas

M425

Brasília, 1997
ISBN 8585961-13-9

CDD
200.1

Capa:
Marcelo Ramos
Diagramação:
Reginaldo Alves Araújo
Revisão:
Alcyr Anísio Ferreira
Carlos Cardoso Aveline
Zeneida Cereja da Silva

Sumário

Prefácio

O Japão vem experimentando um crescimento econômico sem precedentes, e os japoneses acostumaram-se a uma vida onde materialmente podem ter quase tudo. Entretanto, parece que há muitas pessoas profundamente preocupadas com o vazio existente em suas vidas e com o fato de estarem gastando os seus dias sem nenhuma finalidade.

Em certa ocasião, recebi uma carta da cidade de Kagawa, de um jovem que havia recentemente passado no exame da Faculdade de Medicina de uma prestigiosa Universidade japonesa, em sua terceira tentativa. Ele dizia: "Eu devia estar feliz, já que alcancei o meu sonho, mas por alguma razão sinto-me insatisfeito. É como se algo estivesse alojado no meu coração e me sufocasse. E eu fico imaginando se há algo errado comigo. Você pode dar-me um conselho?"

Imagino que há muitos que não têm tais aborrecimentos e geralmente passam os seus dias de bem com a vida. Neste caso, tudo está perfeito. Mas se não for assim, se você não encontrar ninguém com quem possa partilhar suas preocupações, então a situação é realmente séria. Não há uma pessoa neste mundo que nunca tenha se preocupado com alguma coisa e nunca tenha errado. Cada um de nós tem os seus altos e baixos na vida e todos sofremos, de tempos em tempos, com vários tipos de dificuldades. Eu de forma alguma sou uma exceção. Talvez você esteja se perguntando como eu me justificaria aconselhando-o desta forma e assumindo a posição de um homem de grande virtude. É provável que se pergunte como pude escrever um livro deste tipo. Antes que eu entre em detalhes, talvez deva contar que eu não escrevi este livro com o objetivo de que você adote a mesma fé religiosa que eu. Você é livre para fazer sua própria escolha. A única coisa que desejo é que você alcance a felicidade. Eu de certa forma também sou inexperiente e constantemente cometo erros. A partir desta constatação, perguntei a mim mesmo como poderia levar uma vida melhor e cheguei à conclusão de que se seguisse este ou aquele caminho encontraria a felicidade.

Assim, resolvi estudar o *Dhammapada*, que vem sendo passado através de muitas gerações como os ensinamentos diretos do Buda Shakyamuni, o fundador do Budismo. A partir do *Dhammapada,* traduzido por Thomas Byrom (Nova Iorque, Randon Publishing Co., Ltd, 1976), eu selecionei 65 pensamentos. Acredito que muitos de vocês poderão aceitar, sem questionar, o meu ponto de vista. Ao mesmo tempo, pode haver alguns que se recusem logo de início a aceitar o que eu tenho a dizer.

Considerando que atualmente vivemos em uma sociedade livre, não é necessário que as pessoas sejam forçadas a fazer alguma coisa, cada um poderá escolher o que quiser. Dependerá inteiramente de você escolher uma vida feliz ou não, e não cabe aos outros se intrometerem de forma alguma. No Budismo, isso é chamado de "as conseqüências naturais de nossas próprias ações", e somos deixados sós até que compreendamos que "tudo quanto o homem semear ele também colherá". Mesmo que você me peça ajuda, eu nada poderei fazer. Poderei confortá-lo e encorajá-lo um pouco, mas, definitivamente, cada um deve preparar o seu futuro por si próprio. Por essa razão, entendo que este livro foi escrito como uma lição para mim mesmo.

Para concluir, gostaria de expressar os meus mais sinceros agradecimentos ao Comitê de Publicações da Escola Jodo, que gentilmente me auxiliou a colocar meus escritos sob forma de um livro. E também expressar o meu reconhecimento ao Dr. Hiro Ishibashi, Presidente do Colégio Ueno Gakuen, em Tóquio, que generosamente me concedeu tempo para que eu preparasse este livro; e a Alfred A. Knopf, Inc., Nova Iorque, que bondosamente permitiu que eu citasse trechos do *Dhammapada* traduzido por Thomas Byrom. Finalmente, agradeço a Maya Hara pela sua assistência nas revisões da edição deste livro em inglês.

Eu realmente espero que você encontre inspiração nestas páginas e que se empenhe para descobrir as soluções dos seus problemas a fim de alcançar a paz e o equilíbrio na sua vida diária.

Kodo Matsunami

Capítulo 1

Somos o que Pensamos

1. A felicidade depende da nossa atitude mental

Nós somos o que pensamos.
Tudo que somos surge com nossos pensamentos.
Com nossos pensamentos fazemos o mundo.
Se falamos ou agimos com uma mente impura
O problema irá seguir-nos
Assim como a carreta segue o boi que a puxa.

Como resultado do grande crescimento econômico, todas as espécies de bens materiais tornaram-se disponíveis no Japão, dando-nos a possibilidade de obter tudo o que queremos, desde que tenhamos dinheiro. No entanto, parece que ser rico materialmente e tornar-se feliz mental e emocionalmente não são coisas diretamente relacionadas uma com a outra.

Ser pobre materialmente, com certeza, impele algumas pessoas a tentarem ficar ricas, mas isso não significa, necessariamente, que ao se tornarem ricas, serão felizes.

No passado, quando o alimento era escasso, lutávamos para satisfazer a nossa fome de uma ou de outra maneira. O alimento era considerado muito precioso. Hoje, porém, é tido como algo garantido. Por exemplo, apesar de gostarmos muito de bolinhos de arroz cobertos com geléia de feijão, ou da nossa sobremesa favorita, se comermos demais, logo nos sentiremos enfarados. Portanto, há um determinado limite para desfrutarmos do delicioso paladar desse tipo de alimento e não devemos consumir mais do que esse limite. Em economia, denomina-se isso de "Lei de Utilidade Decrescente".

Por isso, devemos ser moderados e esforçar-nos constantemente para obter algo que nos faça sentir felizes mentalmente. Entretanto, devemos perceber que a felicidade não é alcançada pela posse de coisas materiais, e que só poderá ser encontrada se soubermos extrair o melhor delas. Parece que devemos predispor o nosso espírito para satisfazer a nossa fome mental mais do que a nossa fome física.

Naturalmente, não estou sugerindo que devemos viver como eremitas. Eu entendo perfeitamente a necessidade de termos economias suficientes para vivermos de modo confortável. Entretanto, não importa quantas propriedades possamos possuir, e quão grande seja a nossa reputação, a não ser que sintamos uma felicidade interna, essas coisas serão insignificantes. Se não estamos satisfeitos, apesar de termos objetivamente todas as condições para a felicidade, é bem provável que terminemos as nossas vidas nos sentindo infelizes.

Se em um determinado momento o nosso centro de gravidade mental — a fé — estiver firmemente estabelecido, não nos sentiremos perturbados por qualquer circunstância e viveremos uma vida serena, num estado de paz espiritual que nada poderá abalar.

2. A vingança não é solução

O ódio nunca é dissolvido pelo ódio.
Somente o amor dissolve o ódio.
Esta é a Lei,
Antiga e eterna.

Conta-se que um mestre Zen, Muso Kokushi, conhecido como um eminente sacerdote na Era das Dinastias do Norte e do Sul no Japão, foi certa ocasião desafiado sem qualquer razão e derrotado. O povo a sua volta encorajou-o para que derrotasse o seu oponente, mas ele calmamente disse: " Para aqueles que são os vencedores e para os que foram derrotados, este mundo nada é a não ser uma fase passageira."

Se fomos derrotados pelos outros, não deveríamos contra-atacar, como inúmeras vezes se diz, "Olho por olho, dente por dente". Ao querer contra-atacar, uma pessoa manterá o ódio contra a outra e, conseqüentemente, elas gastarão o seu tempo sempre alerta, esperando uma chance para vingar-se uma da outra. Entretanto, mesmo que você tenha um ressentimento contra outra pessoa e a derrote, satisfazendo assim o seu ódio, o derrotado irá querer se vingar, e esse círculo vicioso continuará infindavelmente. Essa situação de tensão entre os dois continuará para sempre. A não ser que um deles quebre esse ciclo absurdo, a paz nunca será encontrada.

Quando alguém lhe bate e você revida, é como uma briga de crianças. Você não deveria fazer isso. Ao contrário, deveria canalizar o seu desejo para alguma ação que beneficiasse outras pessoas. Se ainda não se sentir satisfeito, pense profundamente acerca dessa aversão, pois ela é a própria origem do ódio contra o qual você quer lutar. Empenhe-se também para realizar algo que você goste de fazer. Deste modo, ninguém será prejudicado e você terá feito um bom trabalho.

Bocho Yamamura, um poeta do Período Taisho (1912-26), certa vez compôs o seguinte verso para um assaltante: "Bata-me e isso ainda me fará mais forte." Se acreditarmos que ao nos baterem nos tornamos mais fortes, tal qual uma espada japonesa, então estaremos satisfeitos com nós mesmos.

Um outro exemplo é o do Mestre Honen (1133-1212), o fundador da seita Jodo. Na sua juventude, viveu um trágico episódio em que seu pai, Tokikuni, foi morto por um inimigo em um ataque noturno. O jovem Honen, em princípio, queria se vingar. Entretanto, como manteve em mente as palavras do pai ao morrer: "o ódio nunca poderá ser resolvido pela vingança", ele decidiu resolver o seu ódio buscando aquilo que existe além do amor e do ódio. Se nós considerarmos os casos de guerrilhas e terrorismo, notaremos que a maioria deles são uma mera repetição da vingança.

3. Busque mais a alegria que o prazer

Como o vento arranca facilmente uma frágil árvore.
Busque a felicidade no seu mais profundo sentido.
Se descuidar do alimento e do sono,
Você também perderá suas raízes.

Você está aproveitando a vida? É agradável quando podemos passar nossas vidas de forma prazerosa todos os dias. É um privilégio termos na mocidade amigos íntimos, tempo e dinheiro para gastar em diversões, etc. Está certo que gozemos desse privilégio plenamente, mas eu algumas vezes sinto como uma perda de tempo o fato de alguém terminar sua atividade diária sem fazer algo útil, buscando apenas se distrair. É importante estar satisfeito consigo mesmo e também sentir que se está vivendo plenamente a vida.

O prazer e a alegria de viver aqui mencionados podem, em princípio, parecer ser a mesma coisa, mas são, de fato, inteiramente diferentes no seu conteúdo. Vamos supor, por exemplo, que há dois alpinistas que desejam atingir o cume de uma montanha. Um deles deseja alcançá-lo com o menor esforço possível, e assim vai de carro até as proximidades da montanha e dali consegue alcançar o cume sem dificuldade. O outro alpinista escolhe a trilha mais difícil e vai a pé buscando alcançar o cume. O primeiro facilmente alcança o seu alvo, mas o seu prazer em pouco tempo se desvanece, permanecendo apenas uma sensação de vazio. Já o segundo, entretanto, atingiu a sua meta como resultado dos seus esforços. A sua alegria é bem maior, e a experiência permanecerá muito tempo na sua memória.

Desta maneira, o prazer e a alegria não podem ser discernidos externamente pelos outros, mas o indivíduo poderá claramente perceber a diferença. É bom ter prazer algumas vezes na vida, mas será que não devemos nos empenhar para viver uma vida mais feliz?

O divertimento ou o prazer dos sentidos é algo momentâneo e muitas vezes seguido por uma sensação de vazio. Além disso, nós nunca nos sentiremos satisfeitos por termos tido o bastante, e a busca do prazer crescerá até corromper a nossa mente e o nosso corpo.

Num mundo onde é difícil viver, é natural que qualquer um queira receber tanto quanto possa e dar o menos possível. Entretanto, se alguém só recebe todo tempo, poderá realmente apreciar a alegria de viver?

Uma vida em que apenas recebemos certamente irá parecer agradável, mas essa é uma maneira passiva de viver, e a alegria positiva do viver nunca será experimentada. Portanto, em primeiro lugar, temos que notar a diferença entre a alegria de viver e o prazer de viver, buscando mais a alegria que o prazer.

4. Seja rico em contentamento e não apenas exteriormente

Se os pensamentos de um homem forem confusos,
Se ele for negligente e cheio de falsidade,
Como poderá usar o manto amarelo?*

No clássico chinês, *Os Analectos de Confúcio*, encontra-se a máxima: “Bem alimentado, bem educado”. Mas nos dias de hoje essas palavras não soarão necessariamente como verdadeiras. Em geral, elas serão aceitas por aquelas pessoas que já adquiriram uma conduta ética. Entretanto, se olharmos à nossa volta, veremos que muitos que se tornaram ricos também ficaram absorvidos por sua riqueza de forma negativa e, conseqüentemente, vivem vidas vazias.

Alguns se lamentam por não ter dinheiro nem tempo livre. Se uma pessoa é obcecada por dinheiro e vive uma vida de muita atividade, pode tornar-se tão pobre quanto a que se encontra em posição inversa a sua, com relação ao dinheiro que possui.

Isso é mostrado em um caractere chinês (忙) que significa “atarefado”, o qual é composto de dois radicais que significam “coração” e “ruínas”.

Saicho (767-822), o fundador da Escola Tendai de Budismo no Japão, disse certa vez: “Quando possuímos uma mente sadia, o alimento e a roupa surgem por acréscimo, mas estes não implicam necessariamente uma mente sadia.” Ter uma mente sadia significa possuir uma atitude mental para viver de maneira honesta, o alimento e as roupas vêm por acréscimo; e não o contrário.

---

* Na tradição budista, utilizar o manto amarelo significa tornar-se um monge budista da Escola Theravada. (N.ed. bras.)

Se você for indulgente com o luxo, não encontrará limites; e mesmo que tenha roupas e acessórios finos, ninguém irá tratar-lhe com honras, embora alguns possam invejá-lo. Eu não quero dizer com isso que você deva ficar satisfeito com um alimento de baixa qualidade ou que use roupas esfarrapadas. Quero dizer, na verdade, que para viver uma vida honesta é importante vestir-se e alimentar-se com moderação.

Além disso, não importa quantos títulos tenhamos e qual o nosso *status* social, tais coisas são apenas decorações, e se as exibimos muito orgulhosamente aos outros, estaremos agindo como bobos alegres. Em vez de ocupar-nos tentando obtê-las, através do sacrifício extremo da nossa mente e do nosso corpo, devemos considerar o nosso ser interno e tentar enriquecer os seus conteúdos.

Ter fé em uma religião não significa apenas cultuar Buda ou Deus e comparecer às cerimônias religiosas, mas significa também fazer progresso. A fé em seu verdadeiro sentido significa renovar-se diariamente a fim de tornar-se alguém que deu um passo à frente em relação ao que era ontem.

Ficarão embotados tanto a mente quanto o corpo de uma pessoa que está acomodada com o estado atual das coisas e que se encontra apenas sentada indolentemente. Ela permanecerá presa ao passado.

5. Não busque recompensa

Aquele que segue a lei
É alegre aqui e alegre lá.
Em ambos os mundos está satisfeito.
E tanto mais ainda,
Quando ele vê o grande bem que fez.

Eu tenho certeza de que todos nós já ouvimos pessoas lamentando-se acerca da ingratidão de outras, tal como a esposa que se lamenta pelo fato de seu marido nunca lhe agradecer pelo trabalho árduo que ela realiza ou vice-versa. É na verdade desconcertante para uma pessoa trabalhar duramente e não ver o seu esforço reconhecido. É natural que se lamente por isso em tais circunstâncias.

Embora possamos nos sentir justificados quando reclamamos dos outros, raramente paramos para considerar que ao fazer isso podemos ofender as outras pessoas, e que em última análise, estamos sendo rancorosos. Podemos dizer que cada um de nós tem os seus próprios problemas, mas é muito difícil compreender os problemas dos outros. Eles talvez tenham problemas bem maiores do que os nossos, mas nós nem imaginamos algo assim e cultivamos a idéia errada de que somos os únicos que sofremos no mundo. Com o coração possuído pelo egocentrismo, iremos tornar-nos cada vez mais atormentados e sufocados. Enquanto não nos libertarmos desse preconceito e entrarmos naquele estado de unidade, no qual transcendemos a nós mesmos e aos outros, é bem provável que esse sofrimento continue, e terminemos sufocados nas profundezas da infelicidade.

Mitsuo Aida, um poeta budista, compôs o seguinte verso:

"Cada qual tem um aborrecimento
Que não poderá aos outros contar.

Cada um de nós tem um problema
Que não poderá aos outros contar.
E deverá mantê-lo para si mesmo
Ou tornar-se-á um lamentador,
Se começar a contá-los."

Se uma pessoa decidir pensar que os aborrecimentos não são aborrecimentos, provavelmente ficará satisfeita com ela mesma. No entanto, terá de fazer um esforço muito maior para não ter o sentimento de que está trabalhando arduamente para os outros como um favor, mas sim com o sentimento de estar podendo trabalhar para treinar-se. Deste modo, não haverá necessidade de posar de benfeitora para os outros, nem haverá razão alguma para lamentar-se por não ter recebido agradecimento ou recompensa por isso.

A tia de um conhecido meu, ainda que bastante idosa, diligentemente auxilia, livre de qualquer remuneração, uma senhora inválida que vive sozinha. Um vez eu comentei que certamente deveria ser um problema para ela prestar este auxílio, e ela me respondeu que isso nada lhe custava, que gostava de tomar conta dos outros, e que o pensamento de que estava ajudando outras pessoas fazia com que não se sentisse cansada.

6. Querer é poder

O estar desperto
É o caminho para a vida.
O tolo dorme
Como se já estivesse morto,
Mas o Mestre está desperto
E vive para sempre.

Muitos desejam somente viver com conforto e divertir-se. Se isso fosse sempre possível, nada haveria para ser dito a esse respeito, mas a dificuldade surge quando este desejo não pode facilmente ser realizado. Nada jamais é obtido sem esforço; e seja o que for que tenha sido realizado é resultado de um esforço pessoal. Se não fosse assim, as pessoas sentiriam pouca alegria quando realizassem alguma coisa.

Numa situação em que alguém deseja alcançar algo, não é bom nutrir dúvidas e incertezas acerca da possibilidade de ter sucesso. Se a pessoa fizer frente a um desafio dessa maneira, dificilmente poderá realizá-lo. Por outro lado, se acreditar na sua habilidade para obter êxito, será possível vencer as dificuldades e começar a ver os frutos de seus esforços.

No Período Kamakura (1185-1333), o Mestre Honen declarou que se uma pessoa deseja morrer no paraíso, poderá conseguir isso, com certeza, invocando o Nembutsu e tendo uma forte fé para realizar o seu desejo, sem duvidar da possibilidade de sua realização. Por essa razão, ele chegou a dizer: "Eu invoco meu Nembutsu com o sentimento de que eu já realizei o meu nascimento."

Nós poderíamos citar inúmeros exemplos que constatam a veracidade destas palavras: "Se pensamos que podemos fazer algo, conseguiremos fazê-lo; mas se pensamos que não é possível realizá-lo, então nada conseguiremos". Por exemplo, quando o primeiro plano para lançar um cabo submarino transatlântico foi descrito como sendo uma loucura, C. W. Field exclamou enfaticamente: "Eu posso fazer isso!" e, de fato, o seu plano foi um sucesso. Pode-se citar um outro exemplo que ocorreu quando foi considerada impossível uma viagem através de um balão que cruzaria os Estados Unidos. Nessa ocasião, um jovem chamado Thomas Burns fez uma promessa definitiva, dizendo que conseguiria realizar o intento, e conseguiu!

Com a firme crença de que "Não é que não possamos fazer determinada coisa, mas sim que **não queremos** fazê-la", que esses dois homens e tantos outros, antes e desde então, estudaram completamente como poderiam colocar em prática suas teorias e idéias e conseguiram realizar os seus objetivos. É certo que nem todas as tentativas necessariamente são bem-sucedidas na primeira vez; contudo, uma forte crença nas nossas habilidades poderá nos fazer superar tentativas frustradas e nos auxiliar em nosso empenho por sucesso.

Por mais elevado que possa ser o nosso ideal, ele está certo, mesmo que não se realize. Se conseguirmos não nos sentir frustrados por não tê-lo realizado, então não há por que se preocupar. E se alguém nutriu um ideal muito distante, deverá pensar sinceramente que poderá alcançá-lo passo a passo.

7. Dedique-se a uma tarefa

Então desperte, reflita, observe.
Trabalhe com cuidado e atenção.
Viva no Caminho,
E a Luz crescerá em você.

Eu gostaria de saber se existe alguém que não faz nada durante o dia inteiro e sabe usar o seu tempo de maneira útil sem estar constantemente resmungando acerca de seus dias tediosos. Recentemente, mesmo entre os jovens, tenho encontrado pessoas deprimidas. Eu penso que elas estão inutilmente perdendo o seu tempo, quando passam os dias sem fazer nada. Em um dos clássicos chineses, *Daigaku*, há uma frase que diz: "um cérebro inativo é a oficina do diabo", e como se vê, parece que muitas pessoas, que têm tempo disponível, nada fazem para utilizá-lo.

Será que eles não têm nada para fazer? Provavelmente devem ter muitas coisas com as quais podem se ocupar. Ou será que agem assim porque realmente pensam que nada têm para fazer? Houve uma época em que eu também gastei o meu tempo inutilmente. O tempo parecia passar tão devagar que eu não sabia o que fazer comigo mesmo. Mas um dia resolvi considerar a questão muito cuidadosamente e conscientizei-me de que se eu continuasse a viver daquela forma iria me tornar mais infeliz. Então decidi tentar encontrar alguma coisa que eu gostasse de fazer, de forma que eu pudesse absorver-me totalmente naquilo. Gradualmente, tornei-me cada vez mais inclinado a agir desta forma e, por fim, constatei que eu estava fazendo o meu trabalho de maneira eficiente, e que o tempo passava rapidamente. Cada um de nós pode fazer aquilo que gosta. Desde que não façamos mal aos outros, poderemos fazer absolutamente qualquer coisa.

Se uma pessoa nada tem para fazer, devemos atribuir a ela uma tarefa que a ocupe, auxiliando-a assim a preencher o seu tempo de maneira útil.

Conta-se que Bunmei Tsuchiya, um dos vencedores da Ordem da Cultura, ficou absorvido em compor diariamente nada menos do que cinco *tankas* (poemas com 31 sílabas), tarefa que ele havia se proposto a fazer há muitos anos. A fim de poder cumprir a sua missão, dedicava-se a escrever quatro a cinco horas diárias, e o que é mais notável, ele tinha noventa e seis anos de idade. Talvez isso não nos seja possível, mas à medida que nos determinamos a realizar tarefas possíveis, seremos envolvidos por uma autoconfiança maior e por um sentimento de estarmos vivendo mais plenamente.

Dizer: "Eu já tenho cinqüenta anos de idade" ou "Eu ainda tenho cinqüenta anos de idade" faz uma grande diferença no tipo de vida de cada um. Seja qual for a vida que você tenha vivido até agora, seja corajoso, cheio de esperança e expectativas, e acredite que você está agora no ponto de partida de sua segunda vida que começou hoje.

8. Nunca desista

Pela observação e pelo trabalho
O mestre faz para si mesmo uma ilha
Que nenhuma inundação poderá cobrir.

Sempre preferimos fazer as coisas livres da interferência alheia, mas infelizmente isso nem sempre é possível, e não devemos fazer disso um problema. Por outro lado, se sabemos o que estamos fazendo, relutamos em aceitar essa intromissão com paciência, e então, inevitavelmente, tentamos encontrar uma saída para a nossa má vontade através de outras coisas. Alguns tentam descarregar sua raiva em outras pessoas, outros tentam afogar as suas mágoas no álcool.

Se somos repreendidos pelo nosso chefe, tendemos a ficar irritados porque somos incapazes de responder, e a nossa irritação é freqüentemente dirigida aos outros que nada tem a ver com isso. Nós nos irritamos com as pessoas que estão à nossa volta e também muitas vezes com a nossa família, quando chegamos em casa no final do dia.

Esse processo pode ser denominado "transferência". Além disso, com freqüência, tendemos a pensar erroneamente que todas as pessoas estão numa boa situação, passando prazerosamente o seu tempo. Contraditoriamente, também pensamos que somos os únicos que estão passando por um momento difícil e que se sentem infelizes. Assim, se nos sentimos inferiores aos outros, tendemos a uma mania de perseguição, achando que todos estão contra nós e, por conseqüência, começamos a fomentar o ódio pelos outros sem nenhuma razão, chegando algumas vezes a agredir as pessoas. A isso podemos chamar de "projeção".

Muitas pessoas neste mundo gastam os seus dias na tristeza em função de seus complexos de inferioridade e preconceitos sem fundamento, e mesmo que digamos a elas para mudarem, isso não será possível enquanto a causa do seu problema não for resolvida. O Mestre Honen deu o seguinte conselho a tais pessoas: "A maneira de viver neste mundo deve ser como a de viver no Nembtusu." Por exemplo, se estamos deprimidos e desejamos nos libertar do nosso pessimismo, devemos repetir o canto: "Desperta-me, Ó Buda da Compaixão!", e ao mesmo tempo repetindo nas nossas mentes o chamado: "Perdoa-me por ter tais sentimentos de pesar". Desta maneira, logo perceberemos que os nossos sentimentos foram expurgados. Mas se ainda depois da recitação continuarmos deprimidos, Honen encoraja-nos a continuar recitando até nos sentirmos purificados.

Algumas pessoas dirão que tais recursos não são adequados aos tempos modernos. Entretanto, eu argumentaria que mesmo que permaneça um sentimento de tristeza em uma parte do nosso coração, isso é ainda melhor do que se sentir desesperado e esquecer-se de si mesmo, pois quando alguém se esquece de si mesmo, o seu coração está arruinado.

9. Perceba o vazio dos prazeres

Ele nunca se entrega ao desejo.
Ele medita.
E na força da sua decisão
Ele descobre a verdadeira felicidade.

Numa sociedade civilizada, o casamento é o único meio legal e socialmente aceito para a união de um homem e uma mulher que se amam. Entretanto, quando olhamos para a situação atual da moralidade sexual, podemos ver o quanto as pessoas estão insatisfeitas com a sua vida de casados, abandonando os seus lares para satisfazerem aos seus desejos e afastarem os seus sentimentos de tristeza. Uma das razões por que ocorre isso é o fato de que, após o casamento, quando uma criança nasce, os laços do casal como unidade se enfraquecem, e a vida da família passa a centrar-se na criança. A mãe e a criança são vistas agora como uma só. Isso se deve em grande parte às condições de vida prevalecentes atualmente, que reduzem muito a privacidade do casal. Conseqüentemente, muitos maridos tentam encontrar uma saída para os seus desejos sexuais em prazeres fora do lar, tais como a bebida, o jogo e romances extraconjugais, enquanto a esposa gasta o seu tempo em compras, fofocas e assim por diante. Se os relacionamentos continuarem desta maneira, não só a vida dos casais, mas também a vida familiar como um todo poderá ser destruída. Como resultado disso, temos testemunhado atualmente um grande aumento de separações e divórcios devido à incompatibilidade de gênios, relações extraconjugais, etc.

Entretanto, muitos desses casais que se permitem buscas egoístas não são necessariamente felizes. Ainda que possam gozar a sensação de escaparem dos grilhões de uma vida caseira temporariamente, eles terminam experimentando um desagradável sentimento de isolamento e buscam novas excitações para sua diversão temporária, vivendo geralmente uma vida enfadonha.

Alguém certa vez expressou os seus sentimentos e pensamentos da seguinte forma: "Neste mundo, podemos certamente fazer o que queremos e viver uma vida de prazer, se tivermos dinheiro e tempo livre, mas quando não pudermos mais ter esses prazeres, iremos nos sentir profundamente vazios." Isso acontece porque numa vida assim falta fundamentalmente ao casal o amor para partilhar mutuamente o prazer, e uma vez que não estão satisfazendo a sua necessidade de amor, estão apenas substituindo a sua melancolia por algo igualmente vazio.

A vida sem amor é tão vazia quanto se estivéssemos tentando morder a areia.

Devemos tentar nos afastar desta trilha o mais rápido que pudermos a fim de vivermos uma vida mais significativa. Para alcançar isso, devemos primeiro compreender a importância da verdadeira amizade entre nós mesmos e as pessoas com as quais estamos vinculados.

10. Dedique-se entusiasticamente à sua tarefa

O homem que guarda sua mente
E que teme a desobediência dos seus pensamentos
Queima cada um dos grilhões
Com o fogo da sua vigilância.

De acordo com um bem conhecido provérbio japonês, "Quem quer que tenha prazer na sua ação, fará bem essa ação." Se amamos o nosso trabalho, esse trabalho nos amará, um responderá ao outro, e um belíssimo trabalho irá ser realizado antes que tenhamos consciência disso.

Do mesmo modo, quando desejamos obter algo que está diante de nós, se temos completa atenção e firme determinação de obter o que queremos, parece que a Deusa da Fortuna nos sorri e nos auxilia a alcançar a nossa meta. É claro que algumas vezes as coisas não acontecem de forma tão tranqüila como gostaríamos. Entretanto, se considerarmos que não somos piores pelo fato de termos fracassado, a conseqüência não será tão ruim.

Eu tenho um conhecido que durante a sua juventude sempre se lamentava dizendo que não possuía inteligência nem dinheiro, e por isso trabalhava numa empresa como mero empregado. Mas como ele era muitas vezes obrigado a trabalhar no que não gostava de fazer, estava sempre mudando de emprego, de um local para outro. Por fim, compreendeu que a constante troca de emprego nunca poderia trazer-lhe contentamento. Como ele era perito em trabalhos manuais, tomou a decisão de abrir uma loja de decoração de interiores com o pequeno capital que possuía e com um empréstimo. Seu negócio tornou-se um sucesso, e ele agora emprega um grande número de pessoas.

Ninguém pode esperar estar absolutamente certo, desde o início, de que a ocupação escolhida será um sucesso. Conseqüentemente, na ausência desta certeza, muitas pessoas tornam-se mais determinadas a alcançar o sucesso e esforçam-se constantemente para fazer o melhor que podem. Eizaburo Nishibori, líder de uma expedição ao Pólo Sul, diz em seu livro: *Se você bater contra uma ponte de pedras, não poderá atravessá-la:* "Em primeiro lugar, eu decidi preparar-me antes ainda de ter feito as minhas investigações. Realizá-las, mais tarde, significou dedicar-me à tarefa de encontrar a melhor maneira de minimizar os riscos." Para uma pessoa que já se decidiu a fazer alguma coisa, não deve haver qualquer razão para lamentar-se, dizendo que tal decisão é "insustentável". Se nos determinamos a realizar algo, precisamos fazer o máximo para ter sucesso nessa tarefa, mas se isso não for possível, é melhor abandoná-la do que se aborrecer infindavelmente e sentir-se insatisfeito com o seu trabalho.

É bastante desejável que completemos o nosso trabalho sem nos apressar diante do prazo que temos para finalizá-lo. Aqueles que não conseguem isso devem buscar estímulo para fazê-lo.

11. Conheça os méritos daquilo que é real

A morte o vence
Quando, com a mente distraída
E os sentidos sequiosos,
Ele colhe flores.
Ele nunca irá saciar-se
Dos prazeres do mundo.

Nos dias de hoje, vivemos uma vida confortável, utilizando artigos que já estão prontos, comida instantânea, e todo o tipo de produtos que pode ser encontrado nos supermercados à disposição de quase todos. É uma pena, pois em função disso torna-se impossível apreciarmos aquilo que é real. Por exemplo, quase todos os interiores das casas modernas de baixo custo são equipadas com artigos padronizados. Embora pareçam bonitos, geralmente são de baixa qualidade e quebram muito rapidamente.

Um outro exemplo está nos ingredientes para o *sushi**. Atualmente, muitos deles podem ser comprados congelados, o que, por conseqüência, diminui o sabor original dessa iguaria japonesa. Além disso, se quiséssemos comer um substancioso *sushi* com o seu delicioso paladar, teríamos que pagar um preço elevado pelo prazer, o que hoje em dia está além das possibilidades da maioria das pessoas.

É demorado e necessita-se muito dinheiro para construir uma casa como as que eram construídas no passado. Em primeiro lugar, há escassez de profissionais peritos que sejam capazes de construí-las. Em segundo lugar, as pessoas consideram tais construções demasiadamente luxuosas.

---

* Prato típico da cozinha oriental. (N. ed. bras.)

Por essas razões, quer sejam casas ou alimentos, "o real" é inúmeras vezes rejeitado em favor de uma imitação de segunda mão, e a oportunidade que temos para experimentar os méritos do original está infelizmente se tornando algo do passado. Isso é muito mais lamentável quando verificamos que as pessoas parecem estar muito satisfeitas com essas imitações de segunda mão e que as aceitam como uma norma.

Se continuarmos aceitando o estado em que as coisas se encontram atualmente, nunca mais poderemos apreciar aquilo que é real, nem estaremos conscientes do fato de terem existido um dia. Se isso ocorrer, será que poderemos legitimamente descrever o nosso país como uma nação que possui uma cultura? A fim de termos consciência dos méritos do que é real, devemos questionar se as coisas que estão diante de nós são verdadeiramente de primeira qualidade ou se são meras falsificações.

Se observarmos as várias coisas e procurarmos nos acalmar, é possível que vejamos ou ouçamos o que antes não podíamos ver ou ouvir. Verificaremos que mesmo os que se vestem luxuosamente podem ter o seu coração pobre e feio, e que aqueles que não parecem ser tão ricos, podem ter um coração terno e valioso. Assim, poderemos ver através das coisas, sem nos apegarmos ao que é visto externamente.

12. Seja generoso

Veja as suas próprias faltas
O que fez ou deixou de fazer
Deixe de lado as faltas dos outros.

De tempos em tempos, encontramos algum perfeccionista que nunca está satisfeito com o que está fazendo até que tenha completado a sua tarefa nos mínimos detalhes. Certamente é bom que façamos as nossas tarefas de maneira cuidadosa e prudente, mas se cairmos no excesso de dar muita atenção a coisas sem importância, poderemos irritar aqueles que estão à nossa volta.

Desde que não perturbemos os outros, podemos continuar o que começamos até que estejamos completamente satisfeitos com isso. Entretanto, os perfeccionistas são muitas vezes críticos com relação ao trabalho daqueles que são menos perfeccionistas e que se intrometem nas suas tarefas.

Conheço uma pessoa que inúmeras vezes critica a forma como os outros limpam as suas casas e muitas vezes repreende-os por serem negligentes. Naturalmente, é correto chamar a atenção das pessoas com relação ao que não está bem limpo, mas se nos tornarmos exageradamente meticulosos, será difícil conviver com os outros. Há um limite para tudo, e se ultrapassarmos esse limite, nem nós nem os outros terão paz de espírito.

Há muito tempo, quando perguntaram ao General Iwao Oyama sobre o segredo de sua habilidade para comandar os seus guerreiros, ele respondeu que isso era uma questão de fazer de conta que não se sabe a respeito de tudo o que realmente se sabe. Isso não significa, no entanto, que devemos fechar os olhos a tudo.

Como disse certa vez o Mestre Honen: " Afinal de contas, o mais importante é que invoquemos o Nembutsu com o coração aberto." Em outras palavras, é melhor que captemos o ponto essencial e sejamos generosos com o restante. Você poderá perguntar: mas o que acontecerá se pressionarmos a outra parte? A seguir cito um exemplo disso.

Tenho um jovem vizinho que não conseguiu ingressar em uma prestigiosa universidade e por isso se sentiu muito abatido durante algum tempo. Para este jovem, a experiência do fracasso em si mesma foi um grande golpe, mas a sua depressão aumentou pela insensibilidade de sua mãe, que o atacava como quem ataca a um inimigo derrotado. Ela o criticava em tudo que ele fazia, dizendo: "Isso é culpa sua. Deveria ter estudado mais. Você obteve o resultado que mereceu. Você não serve para nada". Um dia, o jovem não sendo mais capaz de conter a si mesmo, perdeu o controle e disse a sua mãe que se calasse. Depois disso, fugiu. Para a mãe e o filho, o golpe do fracasso no exame já era demais, e o fato de eles terem centrado suas atenções no fracasso fez com que no final sofressem um duplo golpe.

13. Não fique apegado às coisas materiais

Como é longa a noite para o vigilante,
Como é longa a estrada para o viajante cansado,
E como é longa a peregrinação de muitas vidas
Para o tolo que não encontra o seu caminho.

O nosso desejo de possuir várias coisas não tem limite, e uma vez que nunca estamos satisfeitos com uma coisa só, novos desejos surgem constantemente em nossas mentes e parece que a hora de dizer "isto já é o bastante" nunca chega. Tal avareza insaciável fará com que sigamos como seguem os cavalos de uma carruagem. Há um ditado que diz: "A neve e a avareza, ao se empilharem, fazem com que percamos o caminho." Assim, agimos erradamente sem nem mesmo nos darmos conta antes, e quando nos apercebemos do erro, já estamos num beco sem saída.

Em nossa sala de estar, muitos enfeites, ornamentos e outras quinquilharias enchem quase que por completo o ambiente. Mas chega uma hora em que começamos a nos perguntar se esse é um lugar para relaxarmos ou um depósito. Não importa quantas coisas possamos acumular, se elas não forem colocadas em uso, rapidamente irão tornar-se um estorvo.

Entretanto, inúmeras vezes vemos pessoas comprando, por impulso, coisas desnecessárias, atraídas pela propaganda do produto. Se recebemos um presente que é de uso prático, então não há problema, mas muitas vezes as pessoas são presenteadas com coisas inúteis que só serão guardadas e empilhadas em casa.

Desde o dia em que nascemos, temos possuído muitas coisas: roupas, acessórios, objetos de uso pessoal, utensílios domésticos, terrenos, propriedades, carros e assim por diante. No entanto, eu me pergunto muitas vezes se essas coisas são realmente necessárias na nossa vida diária e até que ponto nós fazemos uso delas. Muitos dos nossos pertences são tão pouco usados que bem podíamos não os ter; muitas coisas só servem para juntar poeira e tornam-se como "pérolas dadas aos porcos". Mesmo que gostemos de acumular coisas, sabemos que não poderemos levá-las conosco para a sepultura. E mais ainda, causamos irritação às pessoas encarregadas de arrumar todos os nossos pertences.

Aquilo que possuímos a partir do nosso nascimento não são necessariamente *nossos* pertences, mas sim coisas que nos foram deixadas para que delas tomássemos conta. Mesmo que sintamos grande alegria por possuí-las, isso será apenas um prazer efêmero. Se apenas nos fosse permitido possuir coisas essenciais, e se não precisássemos nos preocupar se algo é útil ou não, se iremos quebrá-lo ou perdê-lo, estou certo de que nos sentiríamos muito mais relaxados e seríamos capazes de viver com muito mais felicidade.

Contudo, existem muitas pessoas que anseiam por sucesso, por ganhar dinheiro ou fama, sem compreender que isso é o resultado de nossas vitórias, e não a causa delas. Portanto, nada tem a ver com o valor último da vida humana. O monge Zen Kodo Sawaki disse certa vez: "Eu estou me esforçando para desejar nunca ser bem-sucedido na vida."

Capítulo 2

Observe-se Cuidadosamente

14. O dinheiro não é tudo na vida

"Meus filhos, minha riqueza!"
Assim o tolo se perturba a si mesmo.
Pois como pode ter filhos ou riqueza
Se ele não é nem o seu próprio mestre?

O verdadeiro valor da vida não existe objetivamente. Não importa quantos títulos e bens possuímos, ou qual a grandeza da nossa riqueza, esse valor não pode ser avaliado por coisas materiais. No entanto, freqüentemente vemos pessoas que estão cegas por tais coisas e que as perseguem infindavelmente, algumas vezes sacrificando até as suas vidas, tentando atingir o que é inatingível.

Eu conheci um senhor de idade, que aliás morreu recentemente, e pode-se dizer que ele era um homem do mundo, havia lutado para abrir o seu caminho após a guerra e nada possuía quando começou os seus negócios. Naquela ocasião, ele negligenciou a sua vida familiar. Percorria toda cidade numa carrocinha puxada por uma bicicleta, procurando por velhos artigos. Era obcecado por dinheiro e costumava dizer: "Sem dinheiro nada podemos fazer. O dinheiro é tudo". Ele comprou terrenos com o dinheiro poupado a todo custo e tirou vantagem da valorização dos preços das terras. Assim, tornou-se um milionário. Todavia, continuou a viver numa casa humilde, tendo uma vida muito simples até recentemente.

Quando morreu, subitamente, — o que não se esperava que acontecesse em sua idade avançada — os filhos, que o tinham visto apenas algumas vezes, apressaram-se para comparecer ao velório. Pensou-se que haviam comparecido para prestar sua última homenagem ao seu pai, mas, ao contrário, começaram a discutir sobre a herança, ao ponto de se engalfinharem uns com os outros diante do pai morto. No momento em que vi isso, me perguntei, "Meu Deus, para que esse velho homem trabalhou tão arduamente?"

As coisas mais importantes na nossa vida são o amor, a confiança, a bondade, a boa saúde, a liberdade e a paz de espírito, e nada disso poderemos comprar com o dinheiro. Mas damos algum valor a elas?

O dinheiro é certamente indispensável em nossas vidas para que possamos sobreviver no dia-a-dia, mas ele não é um fim em si mesmo. Muito dinheiro muitas vezes causa mais problemas do que prazer, e como um demônio, o dinheiro inúmeras vezes controla o seu mestre. Em um dos *sutras* budistas, Shakyamuni diz: "É difícil de saciar o nosso desejo individual, se em ouro ele for duas vezes maior que os Himalayas." Tendo isso em mente, devemos agir apropriadamente.

O dinheiro é necessário a fim de que possamos viver, mas não podemos viver apenas para ele. Se você é o dono do dinheiro, deve cuidar para não se tornar seu escravo. O nosso mérito não é aquilo que asseguramos, mas sim um presente celestial. Se não reconhecermos isso e formos ambiciosos e avarentos, traremos a desgraça para nossa vida.

15. Não permita que aquilo que você possui se transforme em pérolas jogadas aos porcos

Assim como a colher não sente o gosto da sopa,
Um tolo pode viver toda sua vida
Na companhia de um Mestre
E ainda assim não encontrar o caminho.

Eu me pergunto se há alguém que, depois de ter sido chamado de incompetente, não se lamenta considerando-se um tolo que nada sabe fazer. Ainda que possa pensar assim, com certeza ele tem algum mérito, embora possa ser o único a não se aperceber disso. Mas se tiver talento e não utilizá-lo, simplesmente não poderá usufruí-lo em sua vida.

Como diz o velho provérbio: "O que gostamos de fazer, fazemos bem". Se você estiver envolvido em alguma coisa que considera sua ocupação favorita, ela irá tornar-se uma habilidade quase exclusivamente sua, e você será perito em seu ramo de atividade.

Quando Shakyamuni, o Buda, estava vivo, tinha um discípulo tolo chamado Chulapanthaka, que era ridicularizado pelos outros discípulos. Ele mesmo sabia que era tolo e queria desesperadamente tornar-se uma pessoa admirável. Certo dia perguntou a Shakyamuni como uma pessoa como ele poderia se iluminar. O instrutor respondeu: "Aprender pode ser muito para você. Em vez disso, poderá limpar os terrenos do mosteiro diariamente, murmurando as palavras: 'limpando, limpando', enquanto estiver trabalhando". Ele fez isso com todo zelo e conquistou a iluminação espiritual, sendo muito respeitado pelos seus companheiros.

Entre os ensinamentos do Lamaísmo tibetano, há um provérbio que diz: "Quando o discípulo está pronto, o mestre aparece". Não importa que sejamos ridicularizados por quem está à nossa volta. Se tivermos a presença de espírito para fazer algo honesto, o instrutor, que reconhece isso e que nos levará à direção correta, nunca deixará de estar presente. Mas se gastarmos o nosso tempo inutilmente nunca encontraremos o nosso mestre, não importa o quanto esperemos. Isso está expresso em outro provérbio que afirma: "Mesmo que o nosso alimento seja muito saboroso, a colher que usamos não saberá o seu sabor."

Um filósofo americano, Dr. William Hocking, disse certa vez: "Há uma tendência entre os seres humanos de se identificarem com o objeto que lhes desperta a atenção". Quanto mais pensarmos nesta observação, mais entenderemos as suas implicações. Em resumo, isso significa que se pensarmos constantemente em coisas boas, ou nos relacionarmos com boas pessoas, seremos irremediavelmente influenciados por elas antes que tenhamos consciência disso. Por outro lado, se nos relacionarmos com más companhias, seremos corrompidos por elas, "pois semelhante atrai semelhante", como diz o refrão. Muitas vezes demoramos demais para nos livrar de tais companhias, e isso pode nos conduzir a situações difíceis.

16. Realize as suas tarefas até o fim

Faça apenas aquilo de que não irá arrepender-se,
E sinta-se pleno de contentamento.

Se fizermos o melhor numa tentativa, não nos arrependeremos, mesmo que o resultado não seja um sucesso. Da mesma maneira, se fizermos algo pela metade, tentando fazer uma tarefa apressadamente, teremos um sentimento de culpa, mesmo que o resultado seja um sucesso.

Se considerarmos, por exemplo, um time japonês de beisebol no Estádio de Koshien, os arremessadores dos times que chegam às finais geralmente arremessam cuidadosamente até o fim, e é um prazer ver isso.

Seja o que for que fazemos, quase sempre trabalhamos atentamente no início, e depois terminamos nossa tarefa de qualquer jeito, raramente refletindo sobre o que fizemos mais tarde.

Destacam-se entre os segredos das antigas artes militares do Japão no passado os conceitos de "espírito de luta, sede por sangue e reflexão." Isso significa que somente aquele que nutre o desejo de vencer é que conseguirá enfrentar seriamente o oponente a ponto de ter sede pelo sangue. E somente mais tarde, ao refletir sobre o que se pode aprender a partir do combate, relativamente à vitória ou à derrota, é que se pode entender o seu verdadeiro sentido e valor.

Pode-se também citar o exemplo da realização de uma cerimônia, em que geralmente se faz uma observação no início e um discurso no encerramento. Quando uma pessoa sai antes do discurso final, ou se a cerimônia simplesmente chega ao fim sem esse discurso, ela sente como se algo ficasse faltando.

Parece que há pessoas à nossa volta que não conseguem colocar as coisas em ordem, deixando-as espalhadas pela casa. Há outro tipo de pessoa que nem mesmo agradece a quem lhes tratou bem e nem retribui essa bondade; por outro lado, existem vendedores que nem sequer dão a devida assistência aos seus clientes. Esses que vivem assim, displicentemente, passam pelos vários estágios da existência humana: nascimento, escola, emprego, casamento, procriação, mas nada mais fazem além disso e vivem vidas vazias.

Tudo tem um começo e um fim. Por isso, iremos nos sentir mal se deixarmos uma tarefa pela metade, sem nada fazer para aperfeiçoá-la.

17. Partilhe com os outros

Seja o que for que um tolo aprender
Só fará com que se torne mais tolo.
O conhecimento confunde a sua cabeça.

Como resultado da democracia introduzida no Japão após a Segunda Guerra Mundial, as idéias de liberdade e igualdade expandiram-se em alguma medida nesse país. Subseqüentemente, parece ter havido entre as pessoas uma tendência crescente para concentrarem-se em seus direitos individuais, negligenciando seus deveres para com a sociedade. Desta forma, o conceito de oportunidades iguais é mal usado, e as pessoas tentam obter tudo que podem sem dar nada aos outros. Uma vez que estejam satisfeitas, nem um pensamento é emitido em benefício dos outros.

Podemos citar o exemplo de uma pessoa que não reclama quando recebe benefícios sob a forma de subsídios, pagamento de seguros, compensações ou pensões, mas considera como correto pagar apenas um valor mínimo de taxas e donativos. Parece que existem muitas pessoas que se ressentem de gastar dinheiro, mesmo que seja uma importância mínima, e constantemente reclamam disso; todavia muitas delas têm amplos recursos e sentem-se satisfeitas por gastar exageradamente o seu dinheiro para sua própria diversão.

Aí então se desenvolve uma batalha ofensiva e defensiva entre o que recebe e o que entrega o dinheiro. A desconfiança entre eles aumentará se continuarem interminavelmente se sentindo incomodados com isso. No entanto, se o dinheiro for repassado com boa vontade e recebido com gratidão, essa situação não ocorrerá.

No Budismo, há a seguinte expressão: "Os três são puros". Isso significa que as pessoas que estão negociando, quem repassa o dinheiro, quem o recebe, e o objeto da operação devem tornar-se unos, em um estado puro, a fim de que o verdadeiro serviço seja prestado.

No fim de uma viagem recente ao Marrocos, eu estava prestes a jogar fora a minha garrafa térmica antes de voltar para casa, pois não precisaria mais dela, quando um senhor pediu-me que a vendesse para ele. Eu disse que lhe daria com alegria a garrafa, em vez de vendê-la, mas ele insistiu em dar-me algo em troca, e ofereceu-me sua bolsa de couro, dizendo que era o retorno pela minha bondade. Eu perguntei se ele estava feliz com a troca, e ele me respondeu que sim. Eu lhe disse que também estava. Ele ficou muito contente com isso. A bolsa que eu recebi dele é agora muito útil para mim.

Tudo tem a sua própria vida. Precisamos ter em mente que nada deve ser perdido, e que devemos fazer o melhor uso de tudo. Vamos tentar fazer o melhor para que sejamos capazes de sorrir.

18. Não fique contente demais com condições favoráveis; e não desanime diante da adversidade

O vento não pode sacudir uma montanha.
Nem o louvor nem a crítica podem
abalar um homem sábio.

Quando somos repreendidos pelos nossos pais ou nossos superiores por um ligeiro engano que cometemos, tendemos a ficar deprimidos e perder o interesse em fazer as coisas, talvez pensando que nós não servimos para nada. Naturalmente é melhor não cometer erros, mas uma vez que estão feitos, ainda que lamentemos, as coisas não irão mudar. Assim, em vez de nos sentirmos desencorajados, devemos lembrar o velho provérbio: " Não tem qualquer utilidade chorar sobre o leite derramado".

Quando erramos, é importante refletir sobre o que fizemos para não tornar a repetir o erro. Do contrário, é provável que venhamos a cometer outro erro semelhante ao anterior. Então um pequeno erro poderá transformar-se em algo muito mais sério.

Qualquer um pode errar. No livro: *Dropouts Will Become Great Men (Os Estudantes Não Aplicados Tornar-se-ão Grandes Homens),* de Shigeru Yamasaki, o autor cita os exemplos do crítico Soichi Oya, que foi expulso da escola secundária quando estava no quarto ano, e do presidente da Companhia Editora Obunsha, Yoshio Akao, que foi obrigado a permanecer mais um ano estudando para conseguir se formar no curso secundário. Ele também menciona o compositor Masao Koga, que teve as menores notas em música quando estava no curso primário, e o escritor Yasunari

Kawabata, um vencedor do Prêmio Nobel em Literatura, que foi classificado em terceiro lugar na matéria de composição literária quando cursava o 5º ano da escola.

Naturalmente, não estou louvando esses fracassos nem estou querendo dizer que eles se tornaram grandes homens por terem fracassado nos estudos. Entretanto, há uma conexão entre os seus antigos fracassos e seus sucessos posteriores; após refletirem sobre os seus fracassos anteriores, eles se determinaram a melhorar. Desta forma, pode-se dizer que os fracassos serviram para testá-los. Se eles tivessem apenas se lamentado sem terem feito nada para melhorar, provavelmente nunca teriam alcançado o sucesso posterior.

O sistema educacional no Japão é muito centrado nas graduações, e os estudantes são avaliados em função das notas que obtêm. O valor da educação parece ter se desviado do seu verdadeiro propósito. Hoje em dia, muitos vêem apenas a obtenção de notas altas como meio para entrarem numa universidade de primeira classe ou numa empresa. Isso é tal qual uma macieira que não floresceu durante muitos anos; é algo amoral determinar o valor de um ser humano pelos seus poucos anos de registro acadêmico. Assim como uma cebola não produzirá uma rosa, um caquizeiro produzirá apenas caquis, e não castanhas; todos nós temos os nossos próprios traços característicos e devemos mostrá-los sem qualquer preconceito. Esta é uma verdade universal que poderá ser aplicada não somente em jogos que exigem perícia, mas também em qualquer problema.

19. Não siga cegamente a opinião dos outros

Poucos cruzam o rio.
A maior parte das pessoas fica na margem,
Correndo para lá e para cá.

Certa vez eu estava assistindo a um programa na televisão chamado *Shock Camera* (Câmara de Escândalo), semelhante ao produzido nos Estados Unidos com o nome de *Candid Camera* (Câmara Indiscreta). Durante o programa, um casal entrou num restaurante em Harajuku onde havia sido colocada uma câmara secreta para filmá-los. Eles não sabiam que uma centena de figurantes estava lá esperando por eles. Quando o casal sentou-se, os figurantes começaram a fazer gestos estranhos e a bater as mãos em volta do casal, e alguns se esconderam debaixo das mesas. O casal considerou aquilo muito estranho, mas pouco tempo depois, a moça começou a entrosar-se com o grupo, incentivando o seu companheiro a fazer o mesmo. Ele não seguiu o grupo e continuou sentado calmamente com eles a sua volta. Finalmente, a moça compreendeu que eles estavam sendo vítimas de uma brincadeira e sentiu-se tão embaraçada que começou a chorar.

Embora essa brincadeira tenha sido de mal gosto, ela mostra como as pessoas podem ser facilmente influenciadas pelas outras. Neste caso, a moça é quem caiu na armadilha, mas os homens também são muitas vezes influenciados pelas atitudes dos outros, o que me faz pensar que é da nossa natureza imitar os outros e segui-los cegamente.

Muitas vezes sentimos a necessidade de seguir as opiniões dos outros e imitar os seus gestos. Também consideramos escusável seguir a moda do momento por pensar que isso não faz mal algum. Entretanto, se o assunto fosse muito mais importante, uma questão de vida ou morte, poderia tornar-se algo sério. Por exemplo, se os nossos líderes, no comando das nações, mantivessem o povo empobrecido e sem consciência da sua situação. Também o resultado seria provavelmente irreparável se aceitássemos a propaganda sem questionar e seguíssemos as notícias do jornal cegamente.

Estar exclusivamente à disposição dos outros, atendendo apenas aos seus chamados, é uma espécie de escravidão. Uma pessoa que deseja ter um caráter independente nunca deverá agir assim. Entretanto, atualmente, devido ao excesso de informações e à diversidade de valores, muitas vezes não sabemos o que fazer. Deste modo, muita gente, incapaz de decidir por si mesma, segue as palavras de pessoas persuasivas, de políticos, jornalistas, e assim por diante. Se elas forem honestas, não há problema, mas como isso é freqüentemente questionável, devemos ter muito cuidado. É muito importante formar o nosso próprio julgamento do que é bom ou ruim. Devemos ter o cuidado para não ser conduzidos pelas opiniões dos outros.

Precisamos ter em mente que somos os únicos planejadores e realizadores do nosso próprio destino.

20. Ter curiosidade é o segredo da juventude.

O homem sábio, ao seguir o caminho,
Ultrapassa-o, indo além do alcance da morte.

Muitos de nós, desde a infância, ouvem certas coisas que julgam interessantes, mas negligenciam outras, logo de início, por pensarem que elas nada tinham a ver consigo. Da mesma forma, entre estudantes, parece que há alguns deles que evitam tanto quanto possível assuntos aparentemente difíceis e selecionam aqueles que os possibilitem passar facilmente. Consideram que devem estudar apenas o suficiente para ganharem os créditos e poderem se formar. Certamente, a vida destes estudantes será facilitada por terem escolhido temas mais fáceis, e eles gozarão mais o seu tempo de estudante. Mas as coisas não são tão simples. Na verdade, as pessoas no "mundo real" nem dirigem um olhar para aqueles que não sabem executar suas tarefas, e assim eles são obrigados a desistir ou a fazer as coisas ineficientemente.

Seja qual for a ocupação ou o trabalho, é necessário que tenhamos o conhecimento adequado e sejamos treinados para que possamos ter sucesso. Se tentarmos pôr de lado esta responsabilidade, não seremos considerados pessoas qualificadas, e não sairemos do primeiro degrau em toda a nossa vida de trabalho. Mesmo que não gostemos do que estudamos ou do nosso trabalho, devemos aproximar-nos dos problemas difíceis e dos desafios de forma positiva, uma vez que temos oportunidade de ser bem-sucedidos enquanto jovens. Se logo de início você já se sente satisfeito e costuma ter preconceito contra certas coisas, desinteressando-se delas, dificilmente poderá esperar atingir uma maturidade intelectual.

Você deve ter notado que o Buda, em muitas de suas imagens, é representado com longas orelhas para baixo. Acredita-se que Ele ouve tudo, por isso suas orelhas são muito grandes. Elas são chamadas "orelhas da boa sorte".

O poeta americano Samuel Ullman escreveu um poema chamado "Juventude", em que diz:

" A juventude não é um tempo de vida;
É um estado de espírito;
Não é uma questão de faces rosadas,
lábios vermelhos e joelhos flexíveis;
É uma questão de vontade,
Uma qualidade da imaginação,
Um vigor das emoções;
É o frescor das profundas fontes da vida.
Juventude significa a predominância
Da coragem sobre a timidez do desejo,
Da aventura sobre a comodidade.
Muitas vezes encontramos isso mais
Num homem de sessenta anos
Do que num rapaz de vinte anos.
Ninguém envelhece meramente
Pelo número de anos.
Envelhecemos quando abandonamos
Nossos ideais."

Eu desejo poder continuar pelo menos com o meu coração jovem, mantendo a curiosidade com relação ao mundo que me cerca. Assim os anos não me trarão sabor de velhice.

21. Transcenda o prazer e o sofrimento

No final da senda,
O Mestre encontra a libertação
Do desejo e do sofrimento,
A liberdade sem limites.

Você já teve a amarga experiência de falhar nos negócios, não passar em um exame ou ter sido abandonado pela namorada? Por outro lado, você já teve os seus desejos satisfeitos e um inesperado período de boa sorte? No primeiro caso, provavelmente você ficou triste e deprimido acerca da vida em geral, e no segundo, certamente, sentiu-se alegre e otimista.

Nesses casos, a nossa condição mental é influenciada pelas circunstâncias. Sentimo-nos descendo ao inferno ou ascendendo ao céu. Em outras palavras, céu e inferno não existem fora do corpo humano, pois eles são produto de nossa condição mental.

No Budismo, dez mundos são mencionados para representar os dez aspectos da condição mental de um ser humano:

1. ***Inferno*:** É um desesperado estado de angústia do qual parece impossível escapar e no qual sofremos de uma profunda agonia diante da aproximação da morte.
2. ***Demônio*:** É uma condição de frustração tal como a que ocorre com a fome e a sede de um ser cujo instinto humano não pode ser satisfeito.
3. ***Brutalidade*:** É a condição governada por um instinto tal como o dos animais selvagens que buscam as suas presas indiscriminadamente.

4. ***Egoísmo*:** É a condição de um homem autocentrado que facilmente se enraivece quando algo desagradável lhe acontece.

5. ***Homem*:** É a condição de um homem comum que só faz as coisas que lhe são ditas.

6. ***Êxtase*:** É a condição de gozarmos a nossa vida, pois o que desejávamos foi realizado.

7. ***Buscador da Senda*:** É a condição de um homem que está sempre ávido de procurar algo novo.

8. ***Auto-Satisfação*:** É a condição de não estar satisfeito apenas com o que estudamos, mas também de realizar aquilo que realmente devemos fazer.

9. ***Altruísmo*:** É a condição de levar não apenas você mas também os outros à iluminação.

10. ***Iluminação:*** É a condição de viver a vida na sua plenitude e estar ativo em todas as esferas da vida.

Qualquer pessoa pode alcançar essas condições mentais, mas, em muitos casos, elas experimentam em sua vida apenas uma ou duas das várias condições mencionadas. Alguns permanecem nos níveis mais inferiores da existência, enquanto outros poderão atingir o nível mais elevado de realização humana, mencionado no item 10 acima.

Esta abordagem tem o objetivo principal de mostrar-nos que devemos sempre tentar atingir o topo.

22. Seja tranqüilo em tudo

No ar eles se elevam
E voam uma trajetória invisível,
Nada colhendo, nada armazenando.
O seu alimento é o conhecimento.
Eles vivem sobre o vazio.
Eles descobriram como tornar-se livres.

Mestre Honen certa vez deu o seguinte conselho: "Se você deseja saltar sobre uma vala com três metros de largura, deve tentar saltar sobre uma que tenha quatro metros e meio de largura."

A psicologia do homem é algo estranho. Se compararmos a diferença entre trabalhar por uma hora quando programamos apenas esta hora, e por uma hora quando tínhamos a intenção de trabalhar por uma hora e meia, notaremos uma diferença em nossa atitude mental com relação às duas situações. Se a pessoa que pretende trabalhar por uma hora, se predispõe a trabalhar por uma hora e meia desde o início, ela perceberá que os trintas minutos trabalhados a mais constituem uma recompensa adicional e assim se sentirá mais tranqüila. Jesus Cristo disse algo semelhante: "Se alguém lhe forçar a percorrer uma milha, então percorra com ele duas milhas ". Esta psicologia parece ser universal.

Eu conheço um corredor de meia distância (isto é, de 1500 metros) que constantemente corre distâncias de 3000 metros quando treina. Ele diz que por fazer isso consegue armazenar bastante energia para as competições oficiais. Provavelmente, por essa razão, ele obtém excelentes classificações.

Quando vamos fazer compras, geralmente verificamos antes quanto temos para gastar. Só depois disso é que compramos. Entretanto, há aqueles que compram por impulso, e mais tarde se lamentam disso, quando constatam que gastaram demais. Pode-se citar um outro exemplo de alguém que solicita um empréstimo sem antes verificar os seus rendimentos, e depois percebe que contraiu uma dívida enorme quando recebe a fatura.

Também existem aquelas pessoas que pensam estar gastando o seu tempo inutilmente no trabalho ou no estudo e por isso se lançam repentinamente em outra atividade arrebatadora.

Nós devemos sempre estar preparados para uma eventualidade em qualquer coisa que estamos fazendo. Vamos citar um outro exemplo relativo a compras. Se desejamos comprar alguma coisa que custa um determinado valor, sentimo-nos desconfortáveis se temos somente essa quantia na carteira. Entretanto, se levarmos o dobro, poderemos comprar sem preocupação. Mesmo que não usemos o dinheiro extra, teremos a possibilidade de fazer isso se surgir repentinamente uma necessidade.

Conta-se que quando alguém vai atravessar o Deserto de Saara nunca deixa de levar um suprimento extra de gasolina, de água potável e de provisões para precaver-se de perigos imprevistos.

Devemos procurar viver tranqüilamente, livre de todos os aborrecimentos. É melhor ter mais do que o estritamente necessário, do que estar em constante estado de preocupação.

23. Recupere a sua presença de espírito

Os seus pensamentos são calmos.
As suas palavras são calmas.
Seu trabalho é a própria serenidade.
Ele vê a sua liberdade e é livre.

Há um livro intitulado, *The Naked Ape,* escrito por Desmond Morris, um zoólogo e antropólogo, no qual o autor compara o tipo de vida do leão, o rei dos animais, com o do macaco. Ele menciona que o leão é um mamífero que se nutre principalmente de carne e come todas as partes de alto valor nutricional de suas presas, tais como a cabeça, os ossos, os órgãos internos e assim por diante. Depois de fartar-se, o leão é capaz de ficar durante três ou quatro dias sem qualquer alimento e passa o seu tempo deitado ao sol. Neste período, as zebras e os carneiros selvagens podem viver em paz.

Ao contrário do leão, os macacos têm as folhas das árvores como sua alimentação básica, e uma vez que o valor desse tipo de alimento é relativamente baixo, eles são obrigados a comer em intervalos mais freqüentes, para que não se sintam fracos demais. Portanto, eles correm durante todo o dia para aqui e para lá, constantemente à procura de alimento.

Se observarmos os europeus e os japoneses, podemos dizer que os europeus que se alimentam de carne são como os leões, e os japoneses, tendo os grãos como alimento básico, são como os macacos.

Em nossas vidas diárias, a quantidade de informação que vemos e ouvimos e o constante movimento das pessoas que contatamos são caleidoscópios, e se pararmos para considerar cada um deles, as nossas mentes nunca terão descanso, assim como os macacos que não param nunca. Portanto, se gastarmos o nosso tempo desta maneira, possivelmente iremos nos sentir perdidos. A fim de evitar essa armadilha, parece-me que devemos tentar controlar-nos e com tranqüilidade ver e ouvir as coisas em nossa mente.

Se calmamente observarmos o mundo à nossa volta, notaremos coisas que até então não tínhamos sido capazes de ver, e ouviremos o que até então não éramos capazes de ouvir. Também começaremos a compreender que algumas pessoas podem ter um coração pobre e feio, ainda que bem vestidas, e que até mesmo as pessoas que dizem coisas severas podem ser ricas e ternas de coração. Quando alguém se propõe a ver-se através desse estado de espírito, mesmo que tenha estado perdido durante muito tempo, será capaz de ter paz.

Não importa quanto o mundo à nossa volta está mudando, devemos buscar controlar a nossa própria mente a fim de podermos concentrar o nosso espírito em coisas sem formas e em sonoridade sem sons.

Aqueles que não têm uma idéia de como a lua brilha, de como as flores florescem, de como os pássaros cantam e de como os insetos produzem os seus sons, dizem que este mundo é monótono.

24. Prefira a sinceridade à lógica

Melhor do que milhares de palavras vazias
É uma palavra que traz a paz.

Um argumento e um adesivo são duas coisas que podem ser aplicadas em qualquer lugar. Parece haver pessoas que sempre tentam encontrar erros nos outros e não se sentem satisfeitas a menos que consigam convencê-los de que estão errados. Essas pessoas constantemente interferem nas atividades dos outros e fixam-se em seus pontos de vista, não se importando o quão ilógicos possam ser. Elas tampouco consideram o aborrecimento que causam aos demais.

Quando nós criticamos esse tipo de pessoa é como se adicionássemos combustível às chamas. A pessoa rapidamente se enraivece e contra-argumenta. Nesses casos, poderemos argumentar novamente ou não responder, como diz o provérbio: "não cutuque onça com vara curta".

Em geral, os que estão sempre vendo as faltas dos outros têm um caráter inflexível e um forte desejo de exibir-se. O pensador francês La Rochefoucauld, em seu livro *Reflections and Maxims*, diz em um tom meio irônico: "O fato de haver pessoas que se opõem a uma opinião intrinsecamente lógica de maneira tão inflexível deve-se mais à defesa de sua auto-estima do que à sua falta de compreensão. Em resumo, mesmo que eles estejam com a razão, há ocasiões em que geralmente já é tarde demais para que eles possam assumir a liderança, e então se sentem ofendidos por ter de seguir a opinião dos outros."

Isso prova que tais pessoas não confiam em princípio nos outros e que elas são pobres de coração. A razão por que tentam provar que são importantes deve-se ao fato de não terem autoconfiança suficiente nem força efetiva para persuadir os outros a concordarem com elas. Assim, o seu egoísmo provém de seu complexo de inferioridade. Se continuarem, de forma arbitrária, a pressionar os outros com argumentos, ninguém confiará mais nelas, e, mais cedo ou mais tarde, fracassarão, tal qual diz o provérbio: "Você não tem ninguém a não ser a você mesmo para culpar".

Se, durante uma argumentação, alguém tenta fazer o mesmo com elas, irritando-as excessivamente, a situação terminará parecendo uma briga de galos, indigna de indivíduos.

Seria muito melhor se nos dedicássemos àquilo que devemos fazer, em vez de nos apegarmos a futilidades. Um "homem de ação" normalmente não dirá: "Eu estou fazendo tal e tal coisa". Por outro lado, uma pessoa argumentadora, que tem um forte desejo de se mostrar em público, não ficará satisfeita se não contar aos outros cada detalhe a respeito de si mesma e se não for reconhecida.

25. Controle a si mesmo em vez de querer ser melhor que os outros

É melhor conquistar a si mesmo
Do que vencer milhares de batalhas.
Então a vitória é sua.

Parece-me que há muitas pessoas que consideram aqueles que não gostam como inimigos e recusam-se a falar com eles ou a fazer algo em seu favor, insistindo em não pensar sobre as razões de tal inimizade. Embora não exista nada de errado em considerarmos uma pessoa desagradável, se este sentimento transformar-se em ódio será algo bem mais sério.

Normalmente um homem de bom-senso perdoará as faltas dos outros, já que ele sabe que todos os seres humanos têm defeitos; mas algumas pessoas inflexíveis tendem a acreditar que elas estão sempre com a razão, não aceitando os que têm opiniões contrárias às delas. Katsuichiro Kamei, um crítico literário japonês, certa vez escreveu que "Um inimigo é uma espécie de limitação. Limitando o outro como sendo um inimigo, a pessoa, ao contrário, limita-se a si mesma." Em outras palavras poderia se dizer que, embora não aceitemos o ponto de vista de alguma outra pessoa, seria bom que entendêssemos que ela ainda assim existe com seu próprio direito e deve ser tratada de uma maneira civilizada.

Quando olhamos à nossa volta, surpreendemo-nos ao ver que muitas pessoas tratam as outras com hostilidade devido ao choque de interesses, e que esse sentimento é freqüentemente mútuo. Isso está refletido em larga escala nas guerras e disputas internacionais, e em menor escala nas desavenças entre pessoas. No fim, cada um sofre de uma ou de outra forma. Como são tolos os seres humanos! Tais hostilidades parecem ter a sua origem na nossa maneira de pensar que tanto nós quanto os outros temos vidas exclusivas. A não ser que compreendamos que todos os seres humanos são meramente ramos e folhas crescendo de uma mesma raiz, eu receio que todas as disputas nunca desapareçam deste mundo.

Shakyamuni Buda percebeu que todos os seres sensíveis têm um desejo comum de viver e compreender a si mesmos da sua própria maneira. Todos eles se apegam à existência e só conseguem sobreviver com a ajuda dos outros. Portanto, ele acreditava firmemente que a única maneira de sobreviver sem ferir-nos uns aos outros é experimentando a básica identidade de toda vida, permanecendo, ao mesmo tempo, distinto dela. O nosso mundo nada mais é do que a manifestação da Unidade da vida, onde todos os seres, animados ou inanimados, existem interdependentemente. O homem impõe distinções e separa o que é "meu" do que "não é meu". Esta discriminação surge do apego humano e poder chamar-se "anseio cego".

De acordo com o Budismo, "o anseio cego" diferencia a "Unidade" da "Multiplicidade", fazendo assim surgir conflitos, mal-entendidos e atritos dentro do próprio homem. Desse "anseio cego", surge o eu consciente afirmando o seu egoísmo fundamental. Uma vez que o homem coloca-se contra a Unidade, respondendo ao "anseio cego" dentro de si mesmo, ele cria um mundo ilusório de Multiplicidade, que não é um mundo real, mas um mundo criado na sua própria imaginação.

Capítulo 3

Encontre a sua Própria Maneira de Fazer as Coisas

26. Valorize cada momento

É melhor viver um momento
No momento
Da senda além da senda.

Se lhe perguntarem qual é o mais alto ponto do seu corpo, provavelmente você responderá que é a sua cabeça ou o seu cabelo. Entretanto, se o interlocutor lhe pedir para que você mostre com a sua mão o ponto mais elevado do seu corpo, apontando para a sua cabeça, ele chamará a sua atenção, provavelmente, para o fato de que o seu dedo parece ser o ponto mais alto.

Desta maneira, no momento em que você aponta para o que realmente existe com um dos seus dedos e explica isso em palavras, o objeto da explicação deixará de existir como tal. Isto é indicado por uma expressão Zen que diz: "Vá um passo além do limite e tente mais e mais testar a sua ingenuidade". Em outras palavras, se eu simplesmente for colocado no topo de um poste com 30 metros de altura e confiar nas palavras das pessoas que me deram essa informação, aceitando-as como verdadeiras, isso não será suficiente, a menos que eu vá até o topo desse poste e comprove a verdade.

Não importa o quanto ardorosamente alguém nos diga "Eu te amo". "Eu tomarei conta de você", e assim por diante. Parece-me que isso teria mais valor se fosse realmente cumprido ao invés de ser apenas falado. Qualquer um pode dizer tais coisas, mas isso é apenas como o exemplo da ponta do nosso dedo, mencionado anteriormente. Como diz o provérbio: "É mais fácil dizer do que fazer". Se temos alguma coisa para fazer, temos que ir em frente, em vez de simplesmente dizer "eu farei isso, eu farei aquilo".

O anterior lama dirigente do templo Zojoji, Benkyo Shiio, que foi meu instrutor, costumava dizer que devemos utilizar o nosso tempo da melhor forma possível. De fato, ele se tornou um dirigente porque conseguiu colocar isso em prática. Certo dia, ao sair do templo, segurei a sua mão para ajudá-lo a caminhar, pois ele enxergava muito pouco. Depois pegamos um bonde, e quando já estávamos sentados, ele pediu para que eu lesse em voz alta o texto de um jornal que ele tinha nas mãos. Eu era um estudante nessa ocasião e fiquei acanhado de ter que ler o jornal num bonde cheio de gente. Então eu sugeri que lêssemos o jornal quando chegássemos ao nosso destino", mas ele me advertiu de que não devíamos perder nosso tempo.

O meu instrutor permaneceu ativo até o último momento da sua vida. Viveu até os noventa e seis anos de idade. Bem próximo a sua morte, compôs o seguinte poema de 31 sílabas:

"A vida que eu descubro,
Naquilo que está agora diante de mim,
Exatamente neste momento:
Esta é a vida eterna."

27. Se é algo bom, faça-o imediatamente

Seja rápido no fazer o bem.
Se for lento,
A mente que se delicia no erro,
Irá capturá-lo.

Em nossas vidas diárias, muitas vezes encontramos pessoas que não hesitam em dizer presunçosamente que elas são as únicas que estão prestando um grande serviço aos outros. Cada vez que ouço um discurso apaixonado de um político buscando se eleger ou de alguém que se diz ativo em algum movimento pacifista, etc., eu duvido que eles estejam sendo tão sinceros quanto parecem.

Eu digo isso porque ocasionalmente encontro pessoas que dão palestras para os outros mas que não têm bom-senso e nem conseguem resolver os seus próprios problemas pessoais. Como dizem os provérbios: "Aquele que fala palavras melosas e mostra uma expressão bondosa na face tem pouca benevolência" e "Aquele que fala, não pratica o que diz; e aquele que pratica, não fala." Se uma pessoa está realmente preocupada com a humanidade e com o mundo, deve começar pondo a sua própria casa em ordem.

Conheço um jovem rapaz, que limpa as calçadas do *shopping center* da minha cidade todas as manhãs sem falta, quer chova ou faça sol, e cada vez que eu o vejo percebo uma auréola brilhando a sua volta, e experimento uma sensação de paz.

Saicho, o fundador da Escola Tendai no Japão, disse certa vez: "O que resplandece em algum lugar é um tesouro natural". Ele queria dizer com isso que um tesouro nacional não é necessariamente um artigo valioso comumente encontrado em um museu, talvez possa ser melhor simbolizado em um homem honesto e habilidoso que faz o seu trabalho assiduamente, e ao fazê-lo, ilumina tudo ao seu redor. No entanto, ele não busca a luz da ribalta e está completamente contente em ser desconhecido pelo mundo.

Se formos suficientemente afortunados para estar na presença de uma pessoa como essa, seremos influenciados por ela sem termos consciência disso.

Desde os tempos antigos temos sido aconselhados "a malhar o ferro enquanto ele estiver quente" e "não deixar para amanhã o que se pode fazer hoje". Eu sou do tipo que tem pouca memória, por isso sempre tenho comigo um livro de anotações e uma caneta, e assim, toda vez que uma idéia interessante vem a minha mente, eu posso anotá-la mesmo que esteja num trem ou na cama.

Ao fazer o nosso trabalho não podemos dizer, "espere!" e começar novamente, como se costuma fazer nas competições esportivas. Como diz o provérbio: " Se não nos aventurarmos, nada ganharemos". Miyamoto Musashi (1584-1645), um conhecido espadachim japonês, compôs o seguinte poema: "Debaixo da espada erguida está o inferno. Somente atacando o oponente com o espírito é que se pode alcançar o reino da paz."

28. Seremos recompensados pelas nossas boas ações algum dia

Um tolo é feliz
Até que sua maldade se volte contra ele.
E um bom homem pode sofrer
Até que sua bondade floresça.

Há uma expressão que diz: "As boas coisas vêm para aqueles que esperam", mas isso não significa que alguém inesperadamente terá boa sorte apenas deixando o tempo passar sem fazer nada e esperando algo acontecer. Pois essas coisas só cairão nas mãos de uma pessoa que está constantemente tentando desenvolver e aprimorar a sua capacidade, utilizando as oportunidades a ela oferecidas, tal qual os caquis que somente são colhidos quando estão suficientemente maduros. No Budismo, utiliza-se a expressão: "recebendo sem pedir", significa que mesmo que uma pessoa queira ser reconhecida externamente pelas suas ações, isso não será possível até que ela esteja suficientemente madura.

Um amigo meu queria a todo custo encontrar um bom emprego. Ele se apresentava a muitos empregadores em potencial como um homem capaz e utilizava todos os contatos pessoais que podia, mas no final era recusado por todos eles, e com isso vivia lamentando-se da sua má sorte. As pessoas dão crédito livremente àqueles que o merecem, e não importa o quanto a pessoa queira ter a sua habilidade reconhecida, ela não terá sucesso até que chegue o momento certo. Além disso, mesmo que a pessoa tenha habilidades suficientes, a não ser que as circunstâncias sejam também favoráveis, a oportunidade não chegará.

Podemos usar a analogia da água que ferve quando aquecida e evapora como vapor quando atinge o seu ponto de ebulição. Se a água fervente está num utensílio tal como uma panela que possui uma grande superfície, o vapor simplesmente se evapora. Mas se o caminho do escapamento é estreitado por meio de um outro utensílio, o vapor pode ser usado como uma força motriz para mover uma locomotiva, uma turbina, etc. Devido a esse obstáculo, isto é, da estreita saída, a força acumulada é convertida numa energia útil. No Budismo, este "obstáculo" é denominado de "condição reversa". Significa que uma pessoa é levada ao Budismo depois de algum infortúnio. Se a pessoa não tem a coragem suficiente para vencer o obstáculo, não terá boa sorte, não importando o quão longamente ela possa esperar. Sempre que temos uma experiência desagradável ou sofremos qualquer infortúnio, usualmente tentamos escapar o mais rápido possível. Poderíamos fazer melhor se considerássemos a dificuldade apenas como um obstáculo em nossa vida e decidíssemos ser otimistas, sabendo que a boa sorte em breve compensará o obstáculo.

Nós freqüentemente ouvimos a expressão "a grama parece ser mais verde do outro lado"; mas não importa os bons tempos que os outros parecem estar tendo, não devemos ficar desalentados com isso.

29. Valorize toda vida

Todos os seres tremem diante da violência.
Todos temem a morte.
Todos amam a vida.

Como seres humanos, nós somos parte da natureza e do universo. Somos também membros da sociedade. Assim, quando consideramos nossa relação nesses grandes conjuntos, comparando-nos ao universo, à natureza e à sociedade, não será cada um de nós como um célula cancerosa que vive no seu interior e os destrói? Um célula cancerígena vive como um parasita no corpo, crescendo gradualmente, e a não ser que seja atacada, continuará crescendo até destruir o corpo do hospedeiro. Finalmente, quando o corpo é destruído e morre, a célula cancerosa também é destruída; ela não pode escapar ao seu destino. A fim de permanecer viva, a célula do câncer tem que se manter viva dentro do corpo hospedeiro; ela precisa viver dentro deste limite, sem destruí-lo completamente.

Assim como as células cancerígenas necessitam de um corpo hospedeiro a fim de se manter vivas, nós não podemos sobreviver nem um dia sem a benevolência da natureza e do universo. Entretanto, se olharmos à nossa volta, veremos muitos exemplos de pessoas que utilizam mais do que necessitam para a sua sobrevivência. E ainda parecem estar profundamente satisfeitas com isso. Se todos agissem desta maneira na sociedade, a natureza e o universo seriam logo destruídos.

Se considerássemos que todas as coisas vivas neste mundo são parasitas, assim como nós o somos, vivendo graças à natureza e ao universo, eu penso que começaríamos a ter mais consideração pelas outras criaturas vivas.

Certa vez, ouvi a seguinte história. O episódio ocorreu num dia frio e chuvoso. Um pequeno cão tremia na calçada, paralisado com o frio, quando uma garota por sorte passou e o viu. Sentindo pena dele, correu e o colocou em seus braços. O cão havia caído numa vala e estava completamente molhado, mas ela não se preocupou com o fato de sujar as suas roupas. Levou-o para casa e o lavou; quando a chuva passou, ela o soltou novamente.

Não podemos saber qual foi a reação da mãe da garota quando a viu coberta de lama, mas se ela havia gerado uma criatura tão terna, é bem provável que tenha louvado o ato de sua filha. Por outro lado, ela poderia tê-la repreendido de maneira severa, dizendo: " Que tola você foi ao fazer isso. Não percebeu que estragou a sua roupa ao pegar este cão sujo e abandonado?" Se isso tivesse ocorrido, ela teria ferido profundamente o coração compassivo da garota.

Se um dos nossos filhos fizesse uma coisa semelhante, qual seria a nossa reação? Em cada situação as nossas reações indicam os nossos sentimentos em relação às outras pessoas.

30. Cultive a paciência

O lavrador canaliza a água para a sua terra.
O arqueiro prepara suas flechas.
O carpinteiro trabalha a sua madeira.
E o homem sábio domina a si mesmo.

Algumas vezes somos repreendidos ou censurados pelos outros por coisas triviais. Então, se não formos capazes de entender o sentimento desagradável que sentimos quando isso acontece, terminamos transferindo-o para os nossos subordinados. O presidente da Companhia que foi inesperadamente repreendido pelo superintendente geral é incapaz de suportar o seu aborrecimento e, por sua vez, repreende o seu diretor executivo, que trata de transferir a repreensão para o chefe de departamento. Este a transfere para o chefe de seção, que chama atenção do chefe dos empregados. Este, por sua vez, repreende os seus operários. Os operários, provavelmente, descontarão em seus filhos ou em alguém mais. As crianças repassarão aos seus irmãos menores, e assim podemos ver como cada elo da corrente desencadeia uma reação posterior. Os casos de opressão nas escolas, que têm sido motivo de muita preocupação no Japão, podem ser o resultado de um processo tal qual o descrito acima.

Se somos advertidos por uma boa razão e estamos realmente cometendo algum erro, devemos refletir sobre a nossa conduta e esforçar-nos para não errar novamente. E devemos ficar muito agradecidos à pessoa que nos mostrou o nosso erro.

Entretanto, provavelmente ficaremos ressentidos e irritados por não poder revidar. Então iremos transferir o nosso descontentamento a alguém mais, esquecendo que essa pessoa também ficará ressentida conosco.

Quando alguém está irritado, em geral busca consolo no álcool, no fumo, ou se descontrola, chutando portas e jogando coisas ao seu redor. Estes últimos, para não agredirem as pessoas, expressam os seus ressentimentos quebrando as coisas. Porém a conta pelo que quebraram certamente lhes será cobrada, somando-se assim a sua frustração. Qualquer que seja a saída que encontremos, temos de compreender que ela será apenas uma solução temporária, e que faríamos melhor se fôssemos direto à raiz do problema.

Se você sente que foi injustamente repreendido, por que não ignora o problema e tenta reconciliar-se com a pessoa que o repreendeu? Deste modo, você não dará início a uma cadeia de ressentimentos.

O Dr. Hideo Noguchi (1876-1928), que conquistou fama mundial devido a sua pesquisa sobre a febre amarela, teve sua mão queimada em um acidente quando era ainda uma criança. Por isso, recebeu o apelido de "aleijado da mão" pelos seus colegas na escola primária e sentia-se desprezado por eles. Entretanto, ele suportou a implicância de seus colegas e jurou a si mesmo que iria ultrapassá-los no campo do conhecimento. Então se devotou completamente aos seus estudos e tornou-se um dos mais famosos cientistas do mundo da Medicina.

31. O encontro é o começo da separação

Como é frágil!
Frágil e pestilento,
Pois adoece, inflama e morre.
Como toda coisa viva,
Que no fim adoece e morre.

Quanto mais duas pessoas se amam, mais querem ficar juntas. Eu penso que isso é o que podemos chamar de um desejo humano natural. Entretanto, podemos dizer que o "encontro é o começo da separação". Não importa o quanto queiramos estar com alguém, haverá inevitavelmente uma hora em que teremos de separar-nos. Isso naturalmente se refere à morte de um dos parceiros, um tempo de grande sofrimento para o que sobrevive. É compreensível que casais, pais e filhos, amantes e outros, depois de anos de amor e convívio, ao se separarem um dos outros, sintam como se seu coração tivesse sido rasgado em pedaços.

Uma amigo meu certa vez perguntou a um padre católico por que ele se tornara um religioso, sendo obrigado a permanecer solteiro toda sua vida. O sacerdote respondeu que ele não gostaria de experimentar a dor da separação da sua bem-amada se fosse casado. A resposta do padre não foi apenas direta e lúcida, mas também admirável, pois ele expressou o seu desejo de unir-se com o Amor eterno de Deus, em vez de apegar-se a alguém de quem ele teria que se separar mais cedo ou mais tarde.

Um dos discípulos imediatos de Shakyamuni, Ananda, estava constantemente ao lado do seu mestre nos seus últimos anos. Após Shakyamuni ter adoecido, Ananda constatou que seu bem-amado mestre estava morrendo.

Quando ele percebeu que teria de separar-se do seu mestre, foi para o quarto e chorou convulsivamente.

Shakyamuni, que sabia o que estava acontecendo, falou o seguinte a Ananda:

"Ananda, por favor, não sofra. Eu não ensinei a você todo o tempo que todos aqueles que amam alguém terão, cedo ou tarde, que se separar de seu bem-amado? Ananda, eu lhe agradeço por ter-me servido tão bem por tanto tempo. Eu lhe agradeço de coração.

Já que você foi tão longe, deverá agora se devotar a cultivar a sua mente e atingir a meta tão esperada. Poderá haver entre vocês aqueles que pensam que as palavras do seu instrutor terminaram, e que eles agora não terão mais um mestre. Mas estão errados ao pensar assim. Embora o meu corpo logo pereça, os meus ensinamentos continuarão vivendo para sempre. Por essa razão, não são aqueles que vêem o meu corpo que estão me vendo, mas sim aqueles que conhecem os meus ensinamentos.

Após a minha morte, os ensinamentos e as lições que eu lhe dei ao longo de anos serão o seu instrutor, e eu viverei eternamente neles."

32. A verdade é transmitida de geração em geração

Como as gloriosas carruagens dos reis apodrecem,
Assim também o corpo torna-se poeira.
Mas o espírito da pureza é imutável
E deste modo os puros instruem os puros.

Atualmente, o sistema educacional e a crescente delinqüência juvenil têm sido muito criticados. É provável que você já tenha ouvido falar do que foi estabelecido pela Comissão de Inquérito sobre a edücação no Japão, que apresentou um relatório ao governo sugerindo melhorias. Entretanto, não importa o quanto o sistema seja reformado, a não ser que as atitudes mentais dos pais, professores e alunos sejam mudadas para melhor, essas reformas terão muito pouco efeito. O que precisa ser feito para que essas reformas não permaneçam apenas como mera teoria?

Primeiramente e acima de tudo, eu penso que devemos reexaminar toda nossa atitude com relação à educação. Desde tempos imemoriais, tem sido dito que "uma criança não será um adulto educado, se os seus pais forem descuidados"; em outras palavras, as crianças imitam os mais velhos. Se os seus pais vivem vidas exemplares, então as crianças terão excelentes exemplos para seguir.

A transmissão da educação não será efetiva se for "de um para muitos". A proporção ideal é de " um para um". Entretanto, essa não é uma tarefa muito fácil de ser realizada na educação moderna.

Nada, seja o que for, jamais é finalizado no começo. Não importa quão insignificante seja alguma coisa, se você continuar tentando, pouco a pouco, ela poderá tornar-se altamente significativa. Por exemplo, o sucesso de um alpinista, quando finalmente atinge o pico de uma montanha, é o resultado de uma longa luta, trabalhando o seu caminho passo a passo desde a base.

Uma vez que você começou, é importante continuar sem se deixar desanimar. Vamos continuar a cavar firmemente, até que encontremos a água jorrando de uma fonte.

33. Esteja disposto a ouvir o que os outros têm a dizer

Aquele que não tem ouvidos para ouvir a senda
É ignorante como um boi.
Cresce em tamanho, não em sabedoria.

Diz um antigo provérbio: "Quanto mais os grãos de arroz amadurecem, mais suas cabeças se curvam." Este provérbio significa que com a maturidade, quanto mais experimentamos a humildade e a aceitação, mais humildes nos tornamos. Da mesma maneira, se desejamos nos sentir seres humanos plenos, devemos ser modestos e ouvir com a mente aberta a opinião dos outros. Entretanto, há muitas pessoas que superestimam as suas próprias habilidades e que consideram as suas opiniões verdades absolutas. Além disso, tentam impor os seus pontos de vista aos outros. Se as suas idéias forem razoáveis, até poderão ser aceitas, mas como geralmente não o são, o intransigente será visto como alguém muito arrogante.

Há muitas coisas no mundo das quais nada sabemos, e quando comparamos o que sabemos com o que não sabemos, constatamos como o nosso conhecimento é pequeno. Podemos aprender algo novo todo o dia e devemos agradecer por adquirir novos conhecimentos. Sem considerar se a nova informação é boa ou má, devemos tentar ampliar a nossa visão da vida em cada oportunidade. Quando aprendemos algo novo, tornamo-nos mais experientes, e nossas vidas tornam-se mais enriquecidas.

Conta-se que o escritor japonês Eiji Yoshikawa costumava dizer durante toda a sua vida que "Cada um é um instrutor, menos eu" e costumava ouvir com grande interesse o que os outros tinham para dizer. O falecido ator Kikugoro

Onoe, compôs certa vez o seguinte poema: “Ainda que não seja o bastante, eu continuarei representando no outro mundo.” Como o poema expressa, nunca será possível atingir um ponto em nossas vidas no qual possamos dizer que já aprendemos o bastante. Enquanto vivermos, devemos empenhar-nos para estudar e aprender.

Estudar significa que devemos empenhar-nos para trabalhar arduamente, e a diligência é o que há de mais importante a ser considerado pelas pessoas de natureza preguiçosa. Apesar disso, muitas vezes encontramos estudantes indolentes e que constantemente faltam às aulas e às conferências. Quando estão presentes, com freqüência cochilam no meio de uma lição ou conversam com o colega. Esses alunos repetidamente reclamam que a escola é monótona e desinteressante. Por isso, muitas vezes, perdemos a nossa paciência com eles, deixando-os livres para fazerem o que quiserem. Mas as pessoas que desejam cultivar as suas mentes e que querem ardentemente adquirir o maior conhecimento possível não se lamentam deste modo.

Em vez de ficarmos confinados em uma pequena cela, vamos abrir as janelas do nosso coração para que possamos ver muitas coisas que ainda não conhecemos.

34. Tenha uma atitude firme

Primeiro estabeleça-se no caminho,
E depois ensine,
E assim derrotará o sofrimento.

Hoje em dia, parece que a pessoa que tem consideração pelos outros e que possui um coração terno tende a ser mais valorizada. Os pais protegem os seus filhos; os professores, os seus estudantes; os políticos, os seus votantes; os empregadores, os seus empregados, e assim eles tentam ganhar popularidade e proteger os seus próprios interesses.

Entretanto, aquele cujos favores foram concedidos acostuma-se com isso e logo quer que todos os seus desejos sejam atendidos. Mas se alguém resolutamente não faz o que ele quer, ele se ressente. Vemos com muita evidência nos dias de hoje pessoas que relutantemente cedem às demandas e aos desejos dos outros com medo de que eles se voltem contra elas. Mas, depois, lamentam a sua falta de firmeza.

É óbvio que pessoas resolutas não estão sempre certas. Há casos, por exemplo, em que elas agem obstinadamente e criam objeções apenas para mostrar que elas existem. Uma pessoa, no entanto, pode apontar os erros e faltas da outra de uma maneira persuasiva e firme sem ser obstinada.

O Mestre Zen Genpo Yamamoto, mencionara três tipos de bondade verdadeira: " Bondade, profunda bondade, e amarga bondade". Nós acreditamos que a palavra "bondade" usualmente significa alguém tratar o outro ternamente. Entretanto, o caractere chinês para "terno" é composto de dois caracteres que significam "pessoa" e "preocupar-se com", respectivamente. Isso mostra que é necessário que nos coloquemos no lugar do outro para ajudá-lo à medida que possamos dar-lhe um conselho, às vezes não tão agradável, mas certamente útil.

Se apenas tentamos adular os outros, seguindo persistentemente a política de "uma paz a qualquer preço" para resolver os problemas, nada conseguiremos de bom, quer seja para nós mesmos ou para as outras pessoas, e de forma alguma a situação melhorará.

O Sr. Taizo Ishizaka, antigo presidente da Federação Japonesa de Organizações Econômicas, disse certa vez: "Um homem que consegue dizer 'não', sem provocar um sentimento desagradável na outra parte, está qualificado para dirigir uma companhia. Se não nos preocuparmos com o fato de a outra pessoa sentir-se desconfortável, então qualquer um de nós poderá dizer 'não', desde que tenha a coragem para fazer isso; pois dizer 'sim' em todas as situações é bem mais fácil."

Se aplicarmos isso ao problema recente do atrito comercial entre o Japão e os Estados Unidos, dificilmente consideraremos esta situação satisfatória.

35. Não dependa dos outros

Você é o seu único mestre.
Quem mais poderia sê-lo?
Vença a você mesmo
E descubra seu mestre.

Há certas pessoas que consideram difícil tomar decisões. Quando lhes perguntam qual o melhor entre “A” ou “B”, tendem a não opinar, preferindo dizer, “eu não sei”. O interlocutor, freqüentemente, irrita-se com tal hesitação e sugere, por exemplo, que “A” é uma melhor escolha. O indeciso concorda, embora não tenha sido exatamente essa a sua vontade. Mais tarde, fica ressentido com o outro por não ter podido escolher, ainda que saiba que ele mesmo falhou por não ter assumido a responsabilidade que lhe era devida. Se temos ligação com esse tipo de pessoa, constantemente tomamos decisões e fazemos escolhas por ela, mas depois ela irá criticar-nos por tê-la feito errar. Tais pessoas logo se tornam desacreditadas pelas outras. Ninguém desejará associar-se a uma pessoa que constantemente depende dos outros para tomar decisões e que depois ainda os acusa por terem tomado uma decisão que não lhe é favorável. É óbvio que alguém assim nunca será respeitado e considerado maduro e responsável, onde quer que vá.

Esse tipo de pessoa é chamada de “procrastinadora”, e de acordo com o professor assistente da Universidade de Keio no Japão, Keigo Okonogi, ela se despersonaliza em tais ocasiões. Coloca de lado o seu verdadeiro “ser” e assim muda o seu ponto de vista com o intuito de servir aos seus próprios interesses. É alguém que não tem princípios nem opiniões próprias.

Recentemente, um conhecido meu que agiu como ‘intermediário” num casamento mal-escolhido, contou-me o seguinte: "Desde que eles expressaram o desejo de casar-se, eu desempenhei o papel de "mediador" entre eles e inclusive tomei as providências relativas à cerimônia. No final, fiquei muito satisfeito por ter acertado tudo. Porém, depois de um mês o casal me procurou dizendo que queria se divorciar. Disseram que, embora tivessem casado em comum acordo, não queriam mais continuar casados, e que haviam se casado porque eu os tinha pressionado, e haviam seguido meu conselho, embora estivessem relutantes. Eu aprendi a minha lição a partir deste episódio e pretendo nunca mais me envolver em algo semelhante."

Como é grande o número de pessoas no mundo que não hesitam em pagar o bem que receberam com o mal, e assim fazem os outros sofrerem por sua causa.

Aquele que faz algo por sua própria iniciativa é um homem admirável. Aquele que faz algo depois que os outros chamaram a sua atenção é um bom homem. Aquele que faz alguma coisa contra a sua vontade somente porque lhe disseram para agir assim é uma pobre criatura. Aquele que não faz algo, mesmo quando lhe é pedido, não é confiável.

36. Tente ser uma pessoa fiel

Você é a fonte
de toda pureza e de toda impureza.
Ninguém pode purificar outra pessoa.

Você conhece a expressão "modestamente arrogante?". Ela se refere à pessoa que aparentemente parece ser polida e humilde, mas que, na prática, age de forma grosseira com os outros.

Em nossa vida diária, muitas vezes encontramos pessoas que são modestas e polidas na presença dos seus instrutores, superiores, visitantes e assim por diante, mas que os criticam rudemente, tão logo eles estejam fora de vista. Tais pessoas modificam-se por completo, e suas personalidades mudam consideravelmente nessas ocasiões. Elas podem ter 'duas faces', como na história do Dr. Jekyll e do Sr. Hyde. Esta mudança provavelmente provém de um complexo de inferioridade que elas tentam ocultar, agindo como se fossem poderosas.

Uma vez que somos seres humanos, é natural que todos tenhamos pontos fracos e faltas e que queiramos ocultá-los. No entanto, há pessoas que externamente sustentam princípios que não refletem nem as suas verdadeiras intenções e nem condizem com as suas atitudes. Elas são bem humoradas enquanto os outros aceitam a sua polidez forjada, mas tão logo os seus verdadeiros sentimentos são trazidos à tona, rapidamente se irritam e tornam-se críticas. Com o tempo, os outros perceberão esta dupla personalidade, mas elas continuarão a dizer que nada têm a ver com a história do Dr. Jekyll e Hyde, ficando, inevitavelmente, cada vez mais isoladas. Isso termina gerando perversidade e cria-se um círculo vicioso do qual uma personalidade do tipo Dr. Jekyll e Hyde encontra dificuldade para escapar.

De acordo com o psicólogo Dr. Takeo Doi, uma pessoa desobediente, que foi corrompida pelos outros desde a sua infância, esperará que eles sejam afetuosos com ela, e que lhe auxiliem quando se encontrar em qualquer tipo de dificuldade. Porém, se constatar que não conta com a boa vontade deles, da qual depende, ela reagirá com irritação. E se não conseguir aplacar isso, irá tornar-se cada vez mais perversa. Insistindo em continuar assim, essa pessoa, tremendamente carente de afeto, terá uma vida bastante infeliz.

Devemos empenhar-nos para ser pessoas que podem antes amar os outros em vez de esperar a sua afeição.

O erudito budista Rev. Daiei Kaneko disse certa vez: "Enquanto estivermos questionando a vida humana, podemos resolvê-la com o nosso conhecimento, mas quando ela se torna um problema, não podemos resolvê-la com o nosso próprio conhecimento." É nesses casos que o verdadeiro valor do homem é testado, como diz o seguinte poema: "Só quando estamos completamente afligidos com o sofrimento é que conhecemos o mais íntimo do nosso coração.

37. Você deve estar consciente do seu dever

A sua tarefa é descobrir o seu dever,
E então, com todo seu coração,
Dedicar-se a cumpri-lo.

Muitas vezes ouvimos algum gerente lamentando-se de que seus empregados não agem conforme ele deseja. Há também uma tendência entre os novos empregados de quererem exibir o seu conhecimento e educação, e com essa atitude, irritam os seus colegas. Ainda que sejam bem-educados e possam defender-se com argumentos, eles são freqüentemente descuidados e inexperientes em assuntos práticos.

Algumas vezes eu já ouvi esses empregados impopulares reclamando por terem sido injustamente criticados pelos seus superiores. Eles alegam estar procurando corrigir as suas faltas, apesar do seu progresso ser lento.

Eu suponho que uma solução amigável poderia ser encontrada se aquele que critica e o que é criticado pudessem ver a situação a partir de um outro ponto de vista. Infelizmente, parece que um enfoque assim coerente é algo muito difícil de acontecer.

No mundo das novelas e filmes, há muitos exemplos em que o principal personagem é desajeitado, refletindo-se em suas faltas e tentativas para melhorar o seu estilo. O herói geralmente consegue vencer os seus problemas, e assim há um final feliz. Na vida real, entretanto, isso parece ser mais difícil.

A respeito das habilidades e do caráter de uma pessoa, há algumas características que podem ser alteradas para melhor e outras que não podem. É um engano pensar que ao se misturar o bom com o mau será possível, miraculosamente, alcançar um resultado perfeito no final.

Há um provérbio judaico que diz: "Se você puder mudar a situação com a sua vontade, então faça o melhor que puder; se não puder mudá-la, então não se aborreça." Da mesma maneira, se nos for possível mudar a nossa situação para melhor, devemos esforçar-nos para assim fazer. Mas se isso for impossível, em vez de continuar na condição em que nos encontramos, devemos esforçar-nos para aprender com os outros, mirando-nos em suas qualidades e desenvolvendo-as da melhor forma possível.

Cada um de nós tem boas qualidades; um bom administrador é aquele que obtém dos seus empregados o máximo de benefício, quer eles sejam muito ou pouco inteligentes, colocando a pessoa certa no lugar certo.

Façamos o melhor que pudermos a fim de que nem nos aproveitemos dos outros nem nos sacrifiquemos para livrar a face deles, de forma que todos se beneficiem.

Quando uma pessoa quer que outra lhe faça alguma coisa, e essa última deseja ter algo em retorno, haverá um acordo tácito entre elas, se estiverem sintonizadas uma com a outra. Por outro lado, se não tiverem a intenção de entender-se mutuamente, uma delas terminará expressando o seu descontentamento, e isso trará preocupação, mal-entendido e coisas semelhantes. Para que ambas as partes se compreendam, primeiro uma delas tem que abrir o seu coração e confiar na outra. Então o coração de ambas abrir-se-á, e elas poderão viver em harmonia e cooperação.

Capítulo 4

Só o Esforço Pode Produzir Milagres

38. Regule mente e corpo

Ele está desperto.
A vitória é dele.
Ele conquistou o mundo.

Logo após o despertar religioso do Buda Shakyamuni, algumas pessoas a sua volta perguntaram-lhe que espécie de pessoa ele era. Ele permaneceu silencioso. Mas quando lhe perguntaram se ele era um deus, ele sacudiu a cabeça. Quando lhe perguntaram se ele era filho de um deus, ele novamente sacudiu a cabeça. Por fim, perguntaram-lhe que espécie de pessoa era ele realmente. Respondeu que era uma pessoa desperta.

O fato de ele ter despertado e, com isso, se tornado um Buda, significa que ele adquiriu plena consciência de si mesmo. Em outras palavras, conseguiu entender o sentido de sua existência e do mundo a sua volta.

Nós temos a tendência de ver as coisas de uma maneira restrita, sem considerá-las em todos os ângulos. Muitas vezes, cegos de paixão ou raiva, fazemos julgamentos precipitados e tomamos decisões sem considerar as conseqüências.

Um jovem que conheci certa vez foi repreendido pelos seus pais porque saía muito à noite. Possuído pela raiva, ele fugiu de casa e afogou as suas mágoas no álcool. Passou então a correr de motocicleta pela noite, nos lugares em que se divertia. Numa certa ocasião, atropelou várias pessoas e depois bateu faltamente contra um poste de telefone. Um outro caso é o da esposa de um conhecido meu que vivia feliz no casamento e, uma certa noite, após uma briga com seu marido, teve um acesso de raiva. Na sua fúria, botou fogo na casa e destruiu tudo que eles haviam construído juntos.

Mas tarde ela compreendeu que mesmo que tentasse pôr a culpa no seu marido, nenhum arrependimento poderia compensar a perda da casa.

Em qualquer coisa que estivermos fazendo, devemos sempre considerar cuidadosamente a situação e não agir por impulso. Se estamos de mau humor e sentimos raiva, devemos parar por um momento, acalmar-nos e refletir para evitar fazer algo de que possamos nos arrepender depois. Ficaremos surpresos ao compreender o quanto podemos ser tolos quando nos deixamos influenciar pelas emoções.

Se desejamos ser puros de mente e corpo, devemos em primeiro lugar regular a nossa respiração, e enquanto expiramos invocar vigorosamente o nome “Namu Amida Butsu”, três vezes, antes de colocar algo de fato em prática.

39. Não perca o sentimento de gratidão

Difícil é nascer,
Difícil é viver,
Mais difícil ainda é ouvir falar sobre a senda,
E difícil é levantar-se, seguir e despertar.

Certa vez fui visitado por uma mulher que estava sofrendo de uma séria doença no fígado e que havia sido informada pelo seu médico que tinha apenas um curto tempo de vida. Ela me disse amargamente: " Não me recordo de ter feito algo errado no passado e não posso compreender por que devo ser afligida por esta doença e por que devo morrer antes da minha hora. É impossível para mim acreditar em deuses e em Buda." Eu imagino que muitos de vocês também têm problemas por uma razão ou outra, e com isso possuem dúvidas acerca das divindades.

Há de fato casos em que as pessoas cometem atos desumanos e, no entanto, vivem até a velhice. Todavia, ao mesmo tempo, a vida de uma criança pura e inocente pode ser tirada logo após o seu nascimento. No caso da morte prematura de uma criança, muitas vezes nos perguntamos por que essas inocentes vidas são cortadas tão cedo.

Entretanto, a duração da nossa vida na Terra não tem necessariamente qualquer conexão com a nossa piedade ou impiedade. A nossa dor física, a vida curta, e assim por diante, não são uma punição divina nem são causadas pela nossa impiedade. Desta forma, não é apenas a questão de fé que irá livrar-nos da dor ou que irá ajudar-nos a viver mais longamente.

Quando olhamos para as nossas mãos e pés, quantas vezes dizemos "obrigado" a nós mesmos no nosso coração?

Se consideramos que eles devem funcionar, já que são nossos, deveríamos imaginar uma situação em que os perdêssemos por uma razão ou outra.

O poeta budista, Shinmin Sakamura, escreveu o seguinte poema:

> "Emitir luz de nossa cabeça não é o bastante,
> Fazer brilhar a nossa face tampouco é suficiente,
> Mas quando emitimos luz das solas dos nossos pés,
> Então somos realmente dignos de respeito."

Eu me pergunto quantos de nós seríamos capazes de reconhecer o valor das solas dos nossos pés, quando quase todos estão tentando brilhar mais do que os outros e mostrar-se melhor do que qualquer outro. Eu não penso que esta situação traga qualquer bem a alguém. Necessitamos de um embelezamento espiritual em vez de um embelezamento facial.

40. Siga as Três Jóias

Aquele que se refugia na senda
E viaja com aqueles que a percorrem
Consegue ver as quatro nobres verdades.

Quando dizemos que "acreditamos em divindades", normalmente queremos dizer que acreditamos na real existência de deuses específicos e em Budas, e que nós os cultuamos ou rezamos para eles. Isso significa, geralmente, que pertencemos a uma organização religiosa ou que freqüentamos um determinado templo budista. Os crentes regularmente visitam o templo para cultuar, rezar e participar dos vários eventos. Participar dessas atividades certamente é uma boa atitude, mas não podemos dizer que temos fé verdadeira nas divindades apenas porque fazemos tais coisas.

Tal pessoa é descrita como crente no sentido comum da palavra. Ela própria, muito provavelmente, não tem dúvidas acerca de sua fé. Entretanto, se tiver um relacionamento difícil com os outros e envolver-se em brigas, estará agindo como aquele que "prepara o campo e esquece as sementes", será crente apenas no nome.

Parece-me que o verdadeiro crente é uma pessoa que conhece a verdadeira fé que existe no seu coração e na sua mente e que pode partilhar a alegria e a felicidade com qualquer um, em qualquer tempo ou lugar. Em outras palavras, é uma pessoa que pode olhar para si mesma com fé e, para os outros, com sinceridade.

De acordo com os ensinamentos do Budismo, a fim de tornarmo-nos verdadeiros crentes, é necessário que acreditemos nas chamadas *Três Jóias*: O Buda (o Ser Iluminado), o *Dharma* (os ensinamentos do Buda baseados na Lei) e a *Sangha* (aqueles que acreditam e praticam o *Dharma*.) As

Três Jóias nos ensinam a inquirir sobre as razões pelas quais a vida terrena é cheia de coisas desagradáveis e a transcender isso a fim de vivermos uma vida de felicidade e contentamento.

Quando temos que enfrentar problemas, aborrecimentos e coisas semelhantes, não devemos apenas aceitá-los como sendo inevitáveis, mas sim compreender a sua causa raiz. A não ser que nos empenhemos para atingir o fundo do sofrimento e tentemos libertar-nos dele seguindo a Prática do Caminho, as Quatro Nobres Verdades, encontraremos, constantemente, tormentos e problemas.

As Quatro Nobres Verdades são: 1) Toda existência é sofrimento; 2) A causa do sofrimento é a ilusão e o desejo; 3) Nirvana é o reino livre do sofrimento; 4) Pode-se alcançar o Nirvana pela prática da Senda Óctupla: reta compreensão, reto pensamento, reta palavra, reta ação, reta maneira de viver, reto esforço, reta atenção e reta meditação. Elas podem ser compreendidas e praticadas quando simplesmente invocamos, com o coração puro, o nome do Buda Amida.

41. Não se preocupe exclusivamente com as perdas e os ganhos

O vencedor semeia o ódio
Porque o perdedor sofre.
Desista de vencer ou perder
E encontre a paz.

Na sociedade livre em que vivemos, tornou-se um fato indispensável da vida, para que alcancemos o progresso e o desenvolvimento, que cada um empenhe-se em fazer o melhor para si e para todos. Conseqüentemente, o conceito de competição tornou-se universal — na educação, na arte, na atividade econômica e assim por diante. Assim, a sociedade está num processo constante de desenvolvimento. Até o ponto em que a competição está envolvida nisso, podemos dizer que ela é de dois tipos: a 'construtiva' e a 'destrutiva'. O último tipo é indesejável, mas algumas vezes há o perigo de ambas se misturarem. Portanto, temos que cuidar para que isso não ocorra.

Por exemplo, é uma competição 'construtiva' quando um estudante prepara-se arduamente para um exame com o objetivo de ingressar em uma determinada escola. Ele deseja ir em frente. Mas se precisar menosprezar os outros para fazer isso, então teremos um exemplo de competição 'destrutiva'.

Algo assim ocorreu outro dia. Um candidato passou no exame para ingressar em uma determinada escola de sua preferência. Ele também fez prova em uma escola "B", a sua segunda preferência, e também passou. De fato, havia feito o segundo exame apenas para testar-se com relação aos outros estudantes, mas em função disso, foi criticado pelos colegas que tinham feito o mesmo exame e foram reprovados — pois eles haviam escolhido a escola "B" como sua primeira preferência. Em outras palavras, se o estudante em questão, e outros como ele, não tivessem feito o exame para a escola "B", os reprovados poderiam ter passado.

Considerando que o número de pessoas que conseguem passar em um mesmo momento através de um portão estreito é limitado, é inevitável que alguns se desapontem na primeira tentativa. É admissível que os que não conseguiram sintam inveja daqueles que passaram à sua frente, mas se a inveja tornar-se ressentimento, então teremos uma situação muito triste.

Da mesma forma, no caso do exame de admissão, se a inveja dos que fracassaram tornar-se ressentimento, é muito provável que aqueles que eram bons amigos não queiram mais saber um do outro. É realmente muito triste ver pessoas que eram amigas no passado e que depois se tornaram inimigas.

Quando somos traídos apesar do nosso empenho, o que devemos fazer é estudar cuidadosamente as causas de tal traição, pois será inútil tentar vingar-se de quem nos traiu.

42. Tente viver a sua vida com uma mente livre de problemas

Saúde, contentamento e confiança
São as suas grandes posses,
E a liberdade, sua maior alegria.

"Desejo ter um trabalho que possa realizar bem, e penso que morrerei depois de atingir a minha meta." Este é um poema composto por Takuboku Ishikawa. Ele sugere que qualquer que seja o tipo de trabalho em que esteja engajado, e não importa o quanto esteja ocupado, estará feliz enquanto sentir que o trabalho vale a pena.

Entretanto, o mundo atualmente parece estar indo em direção oposta. O valor das coisas e dos homens é convertido em dinheiro. Os objetos caros são considerados valiosos, e as pessoas ricas são consideradas importantes. As pessoas estão muito apegadas ao dinheiro, ou seja, o dinheiro tornou-se o único critério para estimar o valor das coisas no mundo.

Hoje em dia, muitos preferem não ganhar dinheiro mediante um trabalho árduo; em vez disso, buscam adquirir riquezas por outros meios tais como o jogo e a especulação. Conseqüentemente, a sua ética no trabalho tornou-se cada vez mais fraca, e muitos não vêem mais finalidade em trabalhar para viver.

Eu penso que o mundo devia centrar-se em três "an": de ***anzen*** (segurança), ***antei*** (estabilidade) e ***anshin*** (paz de espírito).

A segurança somente pode ser garantida em uma sociedade em que todos são saudáveis e podem viver com toda a sua energia até a morte, sem preocupar-se com doenças, acidentes, etc.

A estabilidade refere-se à estabilidade econômica, no sentido de garantir que a sociedade desenvolva um sistema de seguros e de previdência adequado para manter-nos livres da ansiedade em nossa velhice.

Paz de espírito significa que as pessoas estão mentalmente em paz e livres de aborrecimentos. Sem isso a segurança e a estabilidade não têm qualquer sentido. Ou seja, somente quando tivermos assegurado os três "an" é que poderemos ser verdadeiramente livres e felizes.

Felizmente, essas três áreas estão agora atraindo interesse — o chamado problema da velhice, a ênfase na saúde e na religião — e isso pode ser considerado a expressão dos desejos das pessoas para assegurar a verdadeira felicidade.

Uma cerâmica, um vidro, etc, quebrarão mais cedo ou mais tarde devido a uma pequena falha, rachadura ou imperfeição que possam ter, se deixados como eles são. Este também é o caso das nossas mentes e corpos. Se negligenciarmos a prevenção e o fortalecimento dos pontos fracos, considerando-os triviais, isso será fatal e levará à destruição. A atenção adequada e o tratamento do caso, antes que se torne sério, evitará o problema antes que ele ocorra.

43. Não ceda à paixão

Não goste de nada para que nada perca
E para que não lhe traga dor e medo.
Ultrapasse o gostar e o não gostar.

Algumas vezes, quando algo desagradável nos acontece, ficamos furiosos, não importa onde estamos. Nessas situações, usamos palavras ásperas e rudes, e depois nos arrependemos quando refletimos a respeito da nossa tolice momentânea. Em outras ocasiões, quando estamos apressados para ir a uma reunião, invariavelmente esquecemos alguma coisa ou atrasamo-nos com a nossa pressa.

Um antigo provérbio diz: " A pressa causa o desperdício" ou "mais pressa menos velocidade". Se perdemos a nossa presença de espírito, um infortúnio parece levar a outro. Nessas ocasiões, a nossa face provavelmente se parece com a de um demônio e a nossa mente torna-se a de um bruto enraivecido. Ficamos com uma aparência horrível. Esta é razão por que o ser humano pode ser descrito como uma criatura de sentimentos. Somos capazes de perder a compostura quando aturdidos e, conseqüentemente, nos enganamos e cometemos erros de julgamento.

Eu inúmeras vezes perguntei a estrangeiros que estiveram muitos anos no Japão e que conhecem bem os sentimentos do povo japonês, quais haviam sido os problemas que eles tinham enfrentado ao tratar com os japoneses. Muitos deles disseram que havia sido a tendência dos japoneses de explodirem de raiva, dando vazão aos seus sentimentos. Naturalmente, isto é algo que eu conheço muito bem, e como diz o velho provérbio: "Onde o poder é o senhor, a justiça é o servo", ou " Você pode bem discutir com as autoridades com a mesma razão de uma criança que chora." Quando o povo japonês excita-se, parece que não importa o quanto aparente ser gentil, independentemente de acreditar que é racionalista de "cabeça fria", a sua fisionomia transtorna-se tão logo dá vazão a sua paixão irracional.

Uma das razões que faz os japoneses excitarem-se facilmente é a sua sensibilidade. Por um lado isso é muito positivo uma vez que lhes permite apreciar a beleza da natureza e a arte, mas por outro, leva a atritos desnecessários e a paixões e problemas nas relações pessoais.

O novelista japonês Soseki Natsume escreveu em seu livro *The Three Cornered World:*

" Ao subir a montanha, eu me percebo pensando: Se você sobrecarregar o intelecto, ele irá tornar-se inoperante; se deixar que as suas emoções corram soltas, poderá ser levado de roldão; se for cabeça dura, isso também irá tornar-se desconfortável. O nosso mundo tende a tornar-se um lugar enfadonho para viver. À medida que o desconforto cresce, desejamos mover-nos para um lugar de paz. O momento da verdade é quando encaramos o fato de que para onde quer que formos, será desconfortável; então nasce a poesia e a arte é criada..."

44. Não tenha demasiada intimidade com os outros

Da sensualidade e da luxúria
Surgem a dor e o medo.
Liberte-se do apego.

Assim como podemos gostar ou não daquilo que comemos todos os dias, parece também que temos sentimentos de amizade e inimizade com relação às pessoas que conhecemos. Temos a tendência de fazer amizade com quem gostamos e de recusar aqueles de quem não gostamos. Podemos facilmente saber se gostamos ou não de alguém. Se gostamos de determinada pessoa, sentimo-nos sempre satisfeitos ao vê-la, mas se não gostamos, sentimo-nos estranhos em sua companhia e ficamos satisfeitos quando ela vai embora. Dizem que os seres humanos tendem a assemelhar-se com aqueles de quem gostam, tal qual o provérbio: "Pássaros de uma mesma espécie voam juntos".

Se as pessoas sentem-se bem quando estão juntas, sejam amigos, colegas, ou casais, elas podem passar o seu tempo prazerosamente em companhia uma das outras, mas se não se dão tão bem, há uma certa tensão e frieza quando se encontram.

Entretanto, à medida que nos tornarmos mais íntimos dos nossos amigos, algumas vezes nos apegamos tanto a eles que desejamos tê-los como nossa posse exclusiva. Temos a tendência de sentir que por sermos tão próximos, somos unos em corpo e espírito, e admitimos isso por certo. Acreditamos que tudo é permissível e freqüentemente tentamos levar avante os nossos planos sem considerarmos os pontos de vista dos nossos amigos.

Um conhecido meu e sua namorada estavam apaixonados um pelo outro. Certa vez ele a viu falando com outro homem e, enciumado, acusou-a de infidelidade. O relacionamento então terminou. Como se diz: "Da mesma forma que o melhor vinho faz o mais aguçado vinagre, também o mais profundo amor torna-se o ódio mais mortal." Mesmo entre os amigos mais íntimos, a cortesia deve ser mantida. E se um homem realmente ama uma mulher, ele deve respeitar a sua personalidade.

Amar alguém verdadeiramente não significa que temos essa pessoa à nossa disposição; nem tampouco que estamos à sua disposição. O melhor é que ambas as partes se respeitem, e que cada um respeite os valores do outro. Se ambos se compreendem bem, não terão qualquer medo ou ciúmes, uma vez que terão confiança um no outro.

Há pessoas que por se considerarem amigos de confiança sentem-se com coragem suficiente para envolver-se nos problemas dos que estão ao seu redor. Mas antes de tomar a decisão de aconselhar os outros, deveríamos primeiramente nos assegurar que somos sinceros e sérios com nós mesmos.

45. Seja ponderado em relação aos outros

Da paixão e do desejo,
Surgem dor e medo.
Livre-se do apego.

Em geral, quando um homem consciencioso encontra alguém com certo problema, ele não segue adiante. Sente compaixão pela pessoa e tenta ajudá-la de alguma forma. A pessoa que ignora o infortúnio de outra ou se alegra com isso, certamente não tem coração e possui um caráter anormal. Existem algumas pessoas que não gostam de ver os outros se divertindo e que desejam que o infortúnio caia sobre eles. Há um provérbio oriental que expressa isso da seguinte maneira: "Se nosso vizinho enriquece, ficamos furiosos! "

A razão pela qual as revistas de fofoca fazem sucesso deve-se ao fato de as pessoas gostarem de divertir-se com a desgraça dos outros, especialmente quando diz respeito a alguém famoso ou bem posicionado. Os leitores dessas revistas parecem ter prazer de dizer: " Bem feito, eles merecem isso!"

Não se regozijar com o sucesso dos outros, mas se deliciar com o seu sofrimento, é o comportamento de uma pessoa ciumenta e egoísta. Se não conseguir mudar, provavelmente irá tornar-se sádica e anormal. Uma pessoa poderá trazer muitos malefícios se criar sensação por sua ação terrorista ou por outras ações viciosas, envolvendo vítimas inocentes, sem sentir peso na consciência por isso. Tais pessoas costumam ser bem-humoradas quando as coisas estão indo bem, mas quando tudo não está em ordem, sentem-se frustradas e deixam eclodir o seu mau temperamento naqueles ao seu redor. Tenho certeza de que nós não gostaríamos de ser como elas. Receio que a paz nunca prevaleça no mundo enquanto elas existirem.

Freqüentemente nos aborrecemos quando alguém se apodera de objetos que nos pertencem, mas se deixarmos de lado o nosso profundo apego a eles, iremos sentir-nos mais aliviados de nossa ansiedade.

Hoje em dia, as pessoas não parecem ser bastante corajosas para partilhar a alegria ou o sofrimento com os outros, elas não querem se envolver. Pelo contrário, parece que vivemos numa sociedade em que todos apenas se toleram. Quando uma pessoa está só, sente-se nervosa e ansiosa pela companhia dos outros. Parece que há muitas pessoas com esse tipo de mente fraca e indulgente.

Dizem que quando alguma coisa acontece, se temos alguém com quem compartilhar, a alegria duplica-se. E que quando algo desagradável acontece, se tivermos alguém com quem compartilhar a dor, ela diminuirá pela metade. Se esse amigo do peito apenas permanecer ao nosso lado já estará nos dando um grande apoio.

Estamos constante e fundamentalmente preocupados em tomar conta de nós mesmos e de nossas famílias. Entretanto, temos que dar também atenção aos outros que necessitam de nossa ajuda.

46. Torne-se uma pessoa atrativa

Ele é puro e vê.
Ele fala a verdade e a vive.
Ele faz o seu próprio trabalho.
E por isso é admirado e louvado.

Tenho percebido que as pessoas que estão tentando atingir uma meta, em geral, são expressivas e atraentes, independentemente de sexo, idade e aparência física, ou de sua meta estar ligada ao trabalho, ao estudo ou aos esportes. Por outro lado, tenho notado que as que passam suas vidas inutilmente, são pálidas e sua aparência é sem vida.

Parece que somos atraídos pelos atores que desempenham o papel de um apaixonado ou de um comediante, porque eles nos agradam com suas belas figuras ou com seus gestos cômicos. Mas isso dificilmente é suficiente para que ele mereça ser chamado de atraente, pois a atratividade de um ator brota somente da aparência externa e não do fundo do seu coração. Entretanto, há pessoas que são desconhecidas pelo grande público, mas que se comportam de forma tão admirável que nos sentimos naturalmente atraídos por elas.

O poeta Shinmin Sakamura disse certa vez: "Quando eu era professor, um estudante levantou a mão na classe e falou o seguinte — 'Eu venho à escola de trem como o senhor, mas logo que salto dele, eu sempre lhe sigo, porque o seu modo de caminhar é diferente dos outros. O senhor canta alguma coisa enquanto caminha?' Respondi que ele era um bom observador, pois eu de fato invoco o Nembutsu e o *sutra* enquanto caminho. Isso faz com que os meus passos sejam ritmados, e este ritmo espalha-se por todo o meu corpo, tornando o meu caminhar diferente dos outros. Eu fiquei satisfeito por ele ter notado isso. Quando estamos em público, nunca sabemos quem está atrás de nós, e não podemos saber quem nos vê, a menos que sejamos informados disso. As pessoas muitas vezes dizem que eu caminho como se estivesse voando — isso talvez aconteça devido à minha fé."

Certa vez, quando eu estava voltando para casa, vi uma moça agradecendo a um motorista que parecia ser o seu instrutor. Ela fechou a porta do carro, e o veículo partiu. Permaneceu olhando para o carro e fez uma reverência até que ele desaparecesse à distância. Depois reverenciou novamente e entrou em casa. Isso mostrou a sua profunda sinceridade.

As pessoas geralmente nos julgam a partir da aparência que demonstramos em nosso rosto. Embora isso seja considerado insuficiente para que possamos compreender totalmente a personalidade de alguém, eu penso que revela muito a respeito de sua atitude. Algumas vezes notamos que uma pessoa parece pior quando vista por trás. A sua tristeza pode ser percebida, ainda que ela mesma não tenha consciência disso.

47. Não tema críticas

O mundo sempre encontra
Uma maneira de elogiar e de condenar.
Sempre foi e sempre será assim.

Não gostamos de ouvir alguém falando mal de nós por trás. E muita gente tem horror de saber que rumores infundados e caluniosos circulam a seu respeito. Se o caluniador é conhecido, as pessoas mais decididas, que foram caluniadas, provavelmente irão até ele, exigindo-lhe que peça desculpas. Por outro lado, as mais fracas provavelmente suportarão os insultos, embora relutantemente, e irão culpar-se por sua fraqueza. Qualquer que seja o caso, se nos aborrecemos com o que os outros falam a nosso respeito, estaremos demonstrando a nossa falta de confiança em nós mesmos.

Se as fofocas forem completamente sem fundamento, não devemos em absoluto nos aborrecer. Devemos nos comportar normalmente. Mas se isso nos preocupar, é provável que estejamos com a consciência culpada. Portanto, devemos refletir para corrigir nossos erros.

Se cometemos um erro e não queremos admiti-lo, agindo de forma agressiva em relação ao maledicente, terminaremos por sentir ódio dele, o que produzirá mais mal-estar, e nenhum bem advirá disso. Ainda que em nosso entender não estejamos errados, é sempre possível que os outros percebam em que ponto erramos, embora não tenhamos consciência disso.

Se realizamos algo que está além da habilidade da maioria das pessoas, temos que estar preparados para receber a censura pública. Num país como o Japão, que é uma sociedade especialmente fechada, em geral as pessoas preferem fazer o mesmo que os outros fazem. Entretanto, isso nem sempre é bom, pois temos de nos preocupar com tudo que fazemos, avaliando se as nossas atitudes são aceitáveis ou não. Eu não quero com isso sugerir que vivamos de uma maneira egoísta, ignorando o que os outros dizem e fazem. Seria melhor se atuássemos naquilo que tivéssemos convicção. Isso traria resultados positivos para nós e para a sociedade em geral. Não devemos nos afetar com elogios ou críticas dos outros.

Quando alguns anos atrás o proprietário da *Japan Television Co.*, Matsutaro Shoriki, estava aprendendo a arte da espada sob a orientação de um perito nesta arte marcial, sentiu-se perdido ao tentar muitas vezes atingir um ponto sem resultado. Explicou ao seu instrutor que cada vez que tentava atingir um ponto do seu adversário, o seu corpo ficava desprotegido e ele se sentia aberto a qualquer ataque. Então perguntou como poderia atacar o seu adversário sem receber um golpe. O instrutor deu-lhe o seguinte conselho: "Se o seu oponente lhe atingir no corpo, deixe-o ir em frente. Ao mesmo tempo você estará marcando um ponto."

48. Seja modesto no coração e na atitude

Os sábios dominaram
O corpo, a palavra e a mente.
Eles são os verdadeiros mestres.

Parece que há muitas pessoas no mundo que tentam ser inteligentes e que desprezam os outros. O crítico inglês Gordon Coulton escreveu certa vez: "Um homem sábio é tão tolo quanto o mais tolo dos homens, embora a sua tolice seja diferente. Isso quer dizer que no caso de um homem tolo, a sua tolice é percebida no mundo, mesmo que ele não seja consciente. O homem sábio, por outro lado, compreende a sua tolice, mas os outros não a percebem." Nós todos, algumas vezes, tentamos parecer um pouco mais importantes e conhecedores do que realmente somos. Mas o problema surge quando nos tornamos tão possuídos por essas idéias que desprezamos os outros. Há casos, por exemplo, em que as pessoas não hesitam em criticar as outras por um leve engano. Em outras situações, se alguém faz uma pergunta tola, é desprezado pelos intransigentes, que nem sequer se prontificam a responder devidamente. Chegam a dizer que "Uma pergunta tola merece uma resposta tola". Tais pessoas parecem ter orgulho em fazer coisas que, segundo o bom-senso, seriam normalmente impensáveis.

Entretanto, este aparente ar de superioridade com relação aos outros é apenas uma tentativa para ocultar um complexo de inferioridade. Quanto mais arrogantemente tais pessoas se comportam, mais revelam a sua ignorância e tolice. Quer elas tenham consciência disso ou não, certamente são muito tolas em manter este ar de superioridade. Muitas vezes tendemos a nos intrometer nas coisas dos outros sem refletir a respeito dos nossos próprios defeitos. Recentemente faleceu um escritor popular chamado Matsutaro Kawaguchi, que costumava dizer: "Se uma mulher não experimentar o que é passar necessidade, então ela não é digna de ser mulher. Em primeiro lugar, ninguém desejará ter uma mulher assim como esposa." Isso se aplica não só às mulheres mas também aos homens. Uma pessoa que passou dificuldades financeiras ou que sofreu uma amarga frustração, tendo superado com sucesso as dificuldades, sentir-se-á muito agradecida por estar viva e bem, e não desprezará os outros que não estão tão bem quanto ela. Será capaz também de compadecer-se deles, fazendo tudo que puder para aliviar as suas dificuldades.

Eu acredito que existem quatro tipos de pessoas: o realmente sábio, o tolo sábio, o sábio tolo e o realmente tolo. Desses quatro tipos, o que é realmente sábio é com certeza alguém notável, mas é difícil aproximar-se dele. O tolo sábio pode fingir ser grande, mas é uma criatura estúpida, facilmente enganada pelos outros. O sábio tolo é alguém que aparenta ser sábio para os outros, mas percebe a sua própria ignorância. E o realmente tolo é uma pessoa intratável em todos os sentidos. Desses quatro tipos, o sábio tolo não será a pessoa ideal?

49. Tente sempre alcançar a causa primeira das coisas

Se você fixar o seu curso
Com demasiada força ou velocidade,
Perderá o caminho da lei.
Considere calmamente
O que é correto e o que é errado.

Existe alguém que nunca se lamentou por não se sentir bem ou por ter dificuldades na escola ou no trabalho? É muito fácil lamentar-se e dizer: "Tudo está terminado para mim". Mas simplesmente desistir e lamentar-se nunca resolverá o problema. Há sempre uma causa para o que acontece, e devemos tentar cuidadosamente descobri-la. Para fazermos isso, precisamos olhar profundamente para o problema. Hoje em dia, estamos acostumados a certas maravilhas tecnológicas tais como o avião a jato, o trem bala e assim por diante, que tornam muito mais confortáveis as nossas vidas. Entretanto, o pré-requisito para isso é que operem suave e perfeitamente, pois se quebrarem, não apenas ficarão sem utilidade como também serão potencialmente letais. Imaginem o que aconteceria se as complexas partes internas de uma avião a jato se descontrolassem no ar. Basta somente que recordemos os acidentes com aeronaves nos últimos anos para constatarmos os trágicos resultados de uma pane deste tipo.

A fim de que os motores operem eficientemente, exige-se uma grande manutenção e vistorias de rotina. Se a manutenção interna for negligenciada em favor da manutenção externa, podemos imaginar as possíveis conseqüências. A este respeito, a moderna civilização comporta-se como quem anda em uma corda firme. Colocamos nossa confiança na moderna tecnologia e consideramos que tudo é completamente seguro. No entanto, um ligeiro defeito na mecânica dos modernos jatos pode levar a um desastre, assim como um passo em falso da pessoa que caminha na corda pode resultar em trágicos resultados. Conforme comentou sucintamente o Príncipe Regente Shotoku: " O mundo mundano é falso e temporário."

É essencial que nos empenhemos para evitar a negligência e para assegurar um ajustamento cuidadoso das partes internas em vez de ficarmos encantados pelas falsas aparências externas. Não devemos apressar a natureza, mas sim acompanhá-la.

Se você não está satisfeito com a sua própria maneira de viver, que tal mudar o seu modo de ver as coisas. Mude a você mesmo, deixando de ser alguém que vê uma coisa para ser aquele que é visto, pois é melhor forçar uma porta, quando não podemos abri-la normalmente.

As pessoas costumam ir a um Parque de Safári de carro para ver os animais selvagens vivendo livres. Seria interessante se elas pudessem visualizar o animal feroz dentro delas mesmas. Se pudessem olhar para o seu pobre eu em uma jaula e logo se libertassem desse estado deplorável.

O ator japonês Zeami (1363-1443) do teatro Noh, na Era Muromachi (1333-1568), chamava tal visão de um "apego desapegado". No Budismo é dito que: "Onde não houver uma Verdade, não se demore. Quando encontrá-la, passe por ela rapidamente!"

Capítulo 5

Visualize um Futuro Brilhante

50. Aprenda a partir da experiência pessoal

Quem é sábio,
O eloqüente ou o homem tranqüilo?
Seja calmo,
Amoroso e destemido.
Pois a mente fala,
Mas é o corpo que sabe.

Atualmente, programas de perguntas e respostas vêm sendo televisionados nos horários nobres, e parece que todos os canais de TV decidiram transmiti-los no mesmo horário. No entanto, os competidores muitas vezes parecem surpresos, especialmente no Japão, onde a informação espalha-se por todas as partes. Se refletirmos sobre esses programas e considerarmos o fato de que os competidores em geral respondem correta e rapidamente, podemos perguntar-nos se eles têm simplesmente um conhecimento superficial do assunto ou se realmente compreendem bem os problemas. Não importa o quanto alguém seja versado em determinadas matérias, embora isso seja algo bom, se tiver apenas o conhecimento, será como um computador humano, que mais cedo ou mais tarde será substituído por uma máquina.

Eu conheço uma pessoa que tem o apelido de "enciclopédia ambulante" e ainda que pareça saber de tudo que acontece na vizinhança e seja freqüentemente valorizado pelas outras pessoas, não parece ser especialmente respeitado. Em geral, ele sabe de todos os rumores que estão circulando acerca da vida pessoal dos outros, e embora muitos considerem essa atitude interessante, ela é bem pior do que parece.

No sistema escolar atual, espera-se que os estudantes abarrotem as suas mentes com todo o tipo de informações, e parece-me que aqueles que têm excelentes memórias e boa capacidade para cálculos tendem a obter as mais altas notas. No entanto, eu não estou convencido de que essas pessoas necessariamente serão felizes no futuro, apesar das suas boas notas. Parece-me que é bem melhor adquirirmos a sabedoria da vida humana do que ficarmos orgulhosos com a soma do conhecimento.

Devemos sempre procurar adquirir um suficiente poder intelectual (sabedoria), força de vontade (vigor) e resistência física (saúde) para sermos capazes de melhorar a nossa qualidade de vida. Se formos deficientes em uma dessas coisas, eu suponho que não conquistaremos a sabedoria da vida humana suficientemente para atingir a felicidade completa.

Ao receberem a mesma quantidade de trabalho, com o mesmo grau de dificuldade, algumas pessoas irão trabalhar calma e pacientemente e ficarão contentes com os seus resultados. Por outro lado, outros não poderão executar esse trabalho até o fim, resmungarão constantemente e falarão mal até dos que foram bem-sucedidos nas tarefas. Em outras palavras, cada pessoa tem a sua própria capacidade, que nada tem a ver com os seus valores morais. Se uma pessoa de inteligência limitada recebe uma tarefa além da sua capacidade, ela não será capaz de suportar tal carga e rapidamente abandonará o que está fazendo.

51. Não inveje os outros

Belas palavras ou belas feições
Não podem transformar em mestre
Um homem ciumento e ambicioso.

O roteirista e romancista Sugako Hashida menciona a palavra japonesa *semete*, que significa "pelo menos", como exemplo de uma expressão particular da linguagem nipônica que é difícil de traduzir em outros idiomas. Como dizem os japoneses inúmeras vezes: "Pelo menos eu gosto de ir à escola como todos os outros" ou "eu gostaria que pelo menos todos os membros da família pudessem viver juntos na mesma casa". No sentido da palavra *semete* está inserido o sentimento de que só estaremos bem quando nos adaptarmos a fazer o que os outros estão fazendo; ou seja, desejamos "pelo menos" ser como as outras pessoas.

Da mesma maneira, Zenéi Hotta, que agora reside na Espanha, menciona a palavra japonesa *yappari,* que significa "como era esperado". Os japoneses parecem dar quase que um significado impessoal às expressões "como nós pensávamos" ou "como era esperado". Parece que em sua psique há uma necessidade de ter algo em comum com os outros, e esta necessidade reflete-se em sua própria linguagem. Esta tendência de se dirigir para uma consciência grupal funciona efetivamente para preservar a homogeneidade da sociedade japonesa, que é mais ou menos constituída de uma mesma raça, e que não é má no seu conjunto. Entretanto, isso se tornou um obstáculo, trazendo para os japoneses a dificuldade de viver como indivíduos. Poderemos nos sentir bem enquanto estivermos agindo da mesma maneira que os outros, mas isso muitas vezes acarreta a perda da nossa individualidade, prendendo-nos a uma política de "paz a qualquer preço". Se formos em frente sozinhos sustentando a nossa individualidade, precisaremos ter a coragem suficiente para suportar as críticas que, sem dúvida, surgirão. Há muitos que invejam os outros pelo seu sucesso e por aquilo que conseguiram alcançar. Em vez de refletirem sobre as suas próprias deficiências e tentarem melhorar a si mesmos, tendem a culpar as outros pelas desigualdades. Em lugar de invejarmos os outros, temos de fazer grandes esforços no sentido de utilizar as nossas próprias habilidades e oportunidades para obter o melhor que pudermos de nossas vidas.

Para aqueles que às vezes têm dúvidas acerca de si mesmos, eu recomendo que pensem sobre a vida das plantas. As plantas não podem mover-se à vontade e, portanto, conhecem a importância de serem pacientes, de não se lamentarem. Olhe para um cedro. É o musgo na base dele que mantém a sua umidade. O musgo não é um parasita, pois sem ele o cedro não poderia crescer bem. Ao mesmo tempo, o cedro dá a sombra para o musgo, permitindo que ele cresça e viva num lugar úmido. Assim, o cedro e o musgo vivem juntos de maneira cooperativa e de acordo com a natureza.

52. Saiba distinguir o bem do mal

Ele não faz mal a qualquer ser vivo.
Um homem assim é considerado
Um verdadeiro mestre.

Nos últimos anos, testemunhamos um imenso aumento do tráfico e da rede de serviços de informação no Japão. Como resultado disso, tomamos conhecimento das muitas culturas no mundo e da sua maneira diferente de ver as coisas. Dada esta ampla variedade de valores, é compreensivelmente difícil para as pessoas, que até então tinham vivido numa sociedade de certa maneira fechada, onde prevalecia um conjunto de valores, serem capazes de julgar o que é realmente correto e o que está errado.

No passado, éramos obrigados a aceitar uma maneira de pensar, uma ideologia e assim por diante, em nome do estado japonês, da sociedade e da religião, e somente se seguíssemos este caminho, poderíamos viver bem.

Hoje em dia, certamente, fomos libertados desses grilhões, e a escolha é deixada ao nosso critério. Mas precisamente pelo fato de não terem mais esses grilhões, muitas pessoas consideram difícil julgar o que é certo e o que é errado. Há aqueles que farão objeção a isso, clamando que neste mundo a honestidade não prevalece, e que, portanto, não deve haver um conjunto de valores para julgar o que é o bem e o que é o mal. Outros ainda sustentarão que enquanto a situação estiver boa para eles, tudo estará bem. Entretanto, se cada um decidisse fazer exatamente o que quisesse, em que se transformaria a sociedade?

Provavelmente degeneraria num inferno vivo onde somente o mais apto sobreviveria. A fim de impedir tal anarquia, é essencial nos adequarmos a um conjunto de valores de acordo com o qual devemos agir todo o tempo. Estaremos agindo bem se agradarmos os outros e pudermos deixá-los à vontade, ao invés de perturbá-los, aborrecê-los ou feri-los. Devemos manter isso em mente em todos os momentos e em todas as situações, para que cada um possa viver feliz e terminar a sua vida em paz.

Desde antigamente é dito que "o valor de um homem é conhecido pelo que as pessoas dizem a respeito dele após a sua morte". Entretanto, por mais que tenhamos trabalhado para nós mesmos e para nossa família, tendo realizado muitas coisas, se o nosso trabalho não foi útil para os outros e para a sociedade enquanto estávamos vivos, as pessoas certamente não ficarão tristes com a nossa morte. Podemos, assim, classificar os seguintes tipos de pessoas: 1) Aquela que faz a si mesmo e aos outros infelizes é uma pessoa infeliz; 2) Aquela que se faz feliz devido ao sacrifício dos outros é uma pessoa egoísta; 3) Aquela que faz com que os outros sejam felizes, sacrificando a sua felicidade, é uma boa pessoa; 4) Aquela que faz tanto a si como aos outros felizes é uma ótima pessoa. A qual desses grupos você pertence?

53. Selecione as coisas essenciais

Tenha cuidado com a floresta,
Não com a árvore,
Pois da floresta vem o perigo.

Quando a primavera chega, e as árvores e flores começam a florescer, os jardineiros são obrigados a podar os excessos de galhos e brotos para que possamos gozar a beleza das flores.

Da mesma maneira, a fim de adquirirmos vários tipos de conhecimento durante a nossa vida, já de início precisamos estabelecer o que é fundamental. Se negligenciarmos isso e perdemos o nosso tempo com coisas sem importância, deixaremos de fazer as coisas principais.

No estudo do jogo de xadrez, no jogo japonês chamado *go*, ou em alguns outros, é necessário que conheçamos primeiramente as regras fundamentais, antes de estudarmos as táticas mais complexas. Da mesma forma, para que façamos progresso em nossos estudos precisamos, em primeiro lugar, estudar o que é básico, ampliando gradualmente o nosso campo de estudo.

Em nossas vidas diárias, freqüentemente nos defrontamos com pessoas que negligenciam os pontos essenciais na sua conversação, divagando sobre assuntos desnecessários. Essas pessoas nem dizem o que deviam nem fazem o que é necessário. Em vez disso, dedicam-se a fazer coisas de pouca importância, sem prestar atenção ao que elas mesmas dizem.

Quando o Buda Shakyamuni estava vivo, alguns dos seus discípulos gostavam de conversar quando estavam livres. Certo dia, Shakyamuni disse-lhes: “Monges, quando estiverem juntos deverão fazer duas coisas: uma é usar as palavras adequadas, e a outra é manter o nobre silêncio”.

Da mesma forma em *The World of Silence* (O Mundo do Silêncio), o filósofo suíço Max Picard diz: "As palavras vêm do silêncio e retornam ao silêncio; o ruído vem do ruído e retorna ao ruído." O ruído é uma forma de poluição em nossa linguagem. Devemos prestar atenção somente às palavras verdadeiras que emergem do profundo silêncio, para que possamos compreender o significado de nossa vida.

Seja no que for que estejamos engajados, muitas vezes somos obrigados a decidir se devemos fazer uma coisa ou outra. Para isso, precisamos ter uma mente clara a fim de avaliar o que é mais importante e ter um poder de decisão e uma vontade forte de levar a cabo a nossa decisão. Devemos empenhar-nos em cultivar a sabedoria de "concentrar a mente no essencial", procurando não nos distrair com detalhes sem importância.

É dito que Unkei, o escultor das imagens budistas do Período Kamakura (1185- 1333) podia ver a imagem que estava prestes a produzir contemplando a madeira e concentrando a sua mente naquele sentido. Assim que ele iniciava a cortar as partes desnecessárias da madeira, uma belíssima imagem começava a aparecer antes mesmo de ele se dar conta disso.

54. Siga a pessoa que você respeita

Os seguidores de um Ser que despertou
Despertam.
E dia e noite vigiam
E meditam sobre seu Mestre.

Com freqüência encontramos pessoas famosas ou desconhecidas que, independentemente de raça ou sexo, nos impressionam pelas suas atitudes e palavras agradáveis. Fazem com que nos sintamos à vontade perto delas e nos cativam com sua personalidade vibrante. Provavelmente, devido a sua natureza carismática é que os outros se sentem encantados e motivados a exteriorizar os seus bons sentimentos e suas habilidades.

O escritor Yukio Mishima (1925-70) disse certa vez: "O bom-senso significa compreender os sentimentos dos outros e nada mais do que isso." Há pessoas que nunca conseguem se fazer atraentes, embora possuam muitas propriedades, posições e títulos importantes. Provavelmente são egoístas e não têm consideração pelos outros, ainda que tentem projetar-se como pessoas capazes. Mas, ao contrário de suas expectativas, tornam-se arrogantes e convencidas. Podemos encontrar, com freqüência, pessoas atraentes entre aquelas que devotaram toda a sua energia para o trabalho no qual se engajaram e que alcançaram algo de valor. Essas pessoas nos impressionam profundamente pelo fato de terem obtido sucesso graças à sua dedicação e ao seu trabalho árduo.

Parece-me que o encanto de uma pessoa não emana do seu esforço, mas sim da sua modéstia e da presteza para respeitar e valorizar o trabalho dos outros. Não será por isso que um grande homem como Shakyamuni foi respeitado e louvado por aqueles a quem ele serviu durante toda a sua vida?

O poeta Mitsuo Aida disse certa vez: "Se você estiver diante de uma grande pessoa, nunca poderá contar uma mentira. Essa pessoa deve ser considerada quase como um Buda por você." Eu estou certo de que todos nós gostaríamos de encontrar alguém assim. E se algum dia chegarmos a encontrar, com certeza sofreremos sua influência antes mesmo de termos consciência disso.

Em geral consideramos atraente quem tem um perfil gracioso e é delicado para agir e falar. É bem provável que alguém assim seja muito valorizado e torne-se objeto de adoração de pessoas ignorantes, mas não será, necessariamente, a única pessoa atraente e respeitável no mundo.

Toda vez que vejo uma pessoa consciente dos seus problemas e que possui objetivos nos quais se absorve completamente — seja qual for o seu perfil, suas palavras ou ações — posso perceber o seu encanto. Há o exemplo das mulheres que trabalham silenciosamente em instituições para deficientes físicos — toda vez que eu as vejo sinto vontade de "tirar o chapéu" para a sua sinceridade.

55. Desafie os seus limites

Sente. Repouse. Trabalhe.
Sozinho com você mesmo,
Nunca cansado.
À margem da floresta
Viva com alegria,
Sem desejos.

Em geral pensamos que a nossa força de vontade, a nossa força física e os nossos poderes intelectuais são tremendamente grandes. Será porque raramente temos a oportunidade de testar tais coisas ou porque nunca pensamos seriamente a respeito delas? Na verdade nos tornamos indiferentes a elas, já que têm pouca aplicação em nossa vida diária.

Entretanto, pode ocorrer uma situação emergencial em que essas coisas são colocadas em teste. Por exemplo, se estivermos participando de um exercício no qual precisamos andar cinqüenta quilômetros como parte de um curso de treinamento ao ar livre, a nossa força de vontade e resistência física serão colocadas em teste, e se forem inferiores à dos outros participantes, ficaremos para trás ou abandonaremos a prova. Se conhecemos os nossos limites, podemos constantemente tentar melhorá-los; e não devemos ficar surpreendidos se os outros tiverem um limite menor do que o nosso. Ao mesmo tempo, devemos tentar alcançar os limites daqueles que estão acima de nós e ultrapassá-los.

Certa vez, o apresentador de televisão Misuzu Misato contou que ele havia se proposto a ler 250 livros por ano, quando estava estudando na Universidade de Princeton. Eu mesmo recordo de ter lido aproximadamente a mesma quantidade durante os meus estudos na Universidade de Harvard. Isso não quer dizer que eu os lia do início ao fim, mas eu lia tanto que dormia como uma pedra quando ia para cama completamente exausto. Após tanto estudo, consegui perceber os limites do meu intelecto e da minha força de vontade.

Somente quando não conhecemos os nossos limites é que buscamos metas inatingíveis ou, de modo contrário, procuramos nos satisfazer com aquilo que está abaixo da nossa capacidade. Se soubermos do que somos ou não capazes, então não teremos necessidade de nos preocupar desnecessariamente.

Temos que tentar conhecer até onde vão as nossas capacidades, pois só conseguiremos alcançar algo através do constante esforço. Conhecendo o nosso limite, poderemos constantemente tentar superá-lo.

Aquele que conhece o seu limite, mas não conhece a si mesmo, não é de todo desesperançado. Devemos aprender a partir dessas palavras. Aquele que não conhece o seu limite, mesmo que conheça a si mesmo, é uma pessoa pobre de espírito. Devemos ser cautelosos a esse respeito. Aquele que conhece a si mesmo e também conhece os seus limites é uma pessoa sagaz. Devemos seguir o seu exemplo.

56. Determine os seus próprios objetivos

Assim como uma folha de capim
Agarrada de mau jeito pode cortar sua mão,
A renúncia pode levá-lo às trevas.

Quando os exames estão próximos, os pais daqueles estudantes que estão se preparando para ingressar nas universidades e escolas fazem tudo o que podem para auxiliar os seus filhos a entrar em uma instituição de prestígio e de bom nível. Eu admiro esta demonstração de amor dos pais, mas muitas vezes eu me pergunto quais seriam os seus verdadeiros motivos. Os próprios estudantes parecem ser influenciados pela tendência vigente para que consigam entrar em tais escolas e universidades e fazem um esforço imenso para ter sucesso. Os seus esforços merecem elogios, mas será que os estudantes têm de fato o propósito de ser bem-sucedidos nesses exames?

Parece-me que poucos estudantes têm um objetivo definido com relação aos seus estudos posteriores. Muitos deles apenas querem estudar numa prestigiosa instituição na esperança de obter uma boa posição e uma situação estável em sua vida adulta. Outros prestam os exames somente para imitar os seus colegas. Parece-me uma perda de tempo e dinheiro estudar apenas para manter as aparências ou para conseguir uma posição segura.

Não há dúvida de que eles adquirirão um certo grau de preparo ao comparecer às aulas, mas se isso servir apenas para o seu próprio benefício, essa atitude não trará nenhum auxílio à sociedade. Não devemos dedicar-nos a um curso visando somente as aparências ou a nossa auto-satisfação.

Se examinarmos os verdadeiros motivos pelos quais nos matriculamos em determinada escola ou ingressamos numa certa empresa, poderemos ter uma idéia do tipo de pessoa que provavelmente seremos no futuro. Se desejamos ter uma vida feliz e bem-sucedida no futuro, não devemos ser negligentes em relação ao estudo e ao trabalho. Do contrário, este desejo nunca será realizado. Shoin Yoshida disse certa vez: "Uma vez que eu tenha determinado a minha meta, o meu espírito torna-se pleno." Para que possamos viver plenamente, devemos determinar nossos verdadeiros objetivos. Somente quando compreendermos o nosso verdadeiro objetivo é que poderemos nos dedicar a alcançá-lo.

Muitas coisas podem ser feitas — não importa o quão difíceis pareçam ser — se estivermos determinados a fazê-las. Portanto, se não conseguimos fazer algo, é porque não tentamos ainda. Se acreditamos que alguma coisa pode realmente ser feita e estamos determinados a isso, as condições necessárias para realizá-la surgirão naturalmente. Como diz o provérbio: "Forje o ferro enquanto ele está quente". Então, o nosso próximo passo é tentar colocar isso em prática.

57. Seja suficientemente consciente para sentir vergonha

Sinta vergonha apenas no momento certo.
Receie somente aquilo que é amedrontador.
Veja o mal somente quando ele existir.
Do contrário, você perderá o verdadeiro caminho
E cairá nas trevas.

Quando eu estava estudando nos Estados Unidos, aprendi com o psicólogo Erich Fromm como distinguir os seres humanos normais dos anormais. De acordo com o seu pensamento, a diferença entre eles pode ser comparada ao que ocorre com a borracha ainda nova, que depois de ter sido esticada, voltará ao seu estado inicial, o que não acontece com a borracha velha. Um ser humano normal provavelmente chorará ao sentir-se triste, mas voltará a sentir-se feliz à medida que o tempo passar. Por outro lado, se for anormal, continuará sempre chorando, mesmo depois de terminado o sofrimento e nem se dará conta disso.

Se isso diz respeito somente aos nossos sentimentos, não é algo tão sério, mas se é um problema básico da existência humana, então se torna muito mais sério.

Atualmente os professores têm reclamado que os estudantes parecem indiferentes ao estudo, e talvez seja mais constrangedor pelo fato de que eles não parecem envergonhar-se disso. Naturalmente nem todos eles são assim, mas há muitos estudantes que agem dessa maneira.

Contrariamente, quando estudantes desinteressados, são castigados na frente de seus colegas, repudiam o seu professor por ter-lhes colocado em uma situação vergonhosa. Sem dúvida, eles preferem ocultar a sua ignorância e não mostrá-la aos colegas. Em outras palavras, prefeririam que os seus erros não fossem trazidos a público e que as coisas fossem deixadas do jeito que estão. Mas, certamente, esse não é o propósito da educação.

Encontramos muitos estudantes que procuram esconder a sua ignorância em relação ao que já estudaram, fingindo que prestaram atenção ao que foi ensinado. Mas é muito desencorajador para o professor fazer perguntas aos estudantes e constatar que eles não entenderam absolutamente nada. Há também aqueles que não conseguem distinguir o que realmente sabem do que não sabem. Se não quiserem se expor ao vexame, devem conscientizar-se de sua ignorância.

É uma pena que atualmente os tolos "sábios" e as pessoas insensíveis e ignorantes ainda tenham influência sobre os outros, e que a quantidade de conhecimento intelectual, títulos e cargos sejam considerados importantes, enquanto a sua dignidade e sabedoria são negligenciadas.

58. Dedique-se à solidão

Se você não puder encontrar
Um amigo ou mestre que lhe acompanhe
Siga a viagem sozinho,
Como um rei que doou o seu reino,
Como um elefante que anda pela floresta.

É muito desagradável quando não temos uma pessoa confiável perto de nós. Isso nos faz sentir especialmente solitários. Por essa razão, muitos fazem amigos para vencer a sua solidão e freqüentam locais de diversão a fim de encontrar outras pessoas. No entanto, será que poderão vencer a solidão desta maneira? Se apenas nos sentimos bem quando estamos em companhia dos outros, o que faremos quando eles não estiverem mais conosco? Tenho certeza de que iremos nos sentir ainda mais solitários e intranqüilos.

Não importa quantas pessoas tenhamos a nossa volta, podemos continuar nos sentindo profundamente solitários. Assim como a escritura budista *Muryojukyo* afirma: "Nós nascemos sós e morremos sós." Na verdade, não estamos sozinhos apenas no começo e no fim de nossa vida, mas também durante toda ela. Contudo, por mais que não gostemos desse fato, há muito pouco que podemos fazer a esse respeito. Apesar disso, não é necessário que vivamos isolados. Uma vez que cada um de nós tem uma vida solitária, devemos ir ao encontro das pessoas de vez em quando.

Isso nos defronta com a questão de conseguir ou não amar os outros. Embora saibamos que os outros nos amam, nós nem sempre conseguimos amá-los. Se desejamos ser amados por eles, devemos perguntar a nós mesmos se somos dignos do seu amor. Aqueles que amam e desejam ser amados somente enquanto isso servir aos seus próprios interesses, mais cedo ou mais tarde não estarão mais apaixonados. A fim de amar ou ser amado verdadeiramente, devemos devotar-nos à solidão e ser nós mesmos. "O verdadeiro amor não significa que devemos olhar extasiados um para o outro, mas sim que ambos devemos olhar para a mesma direção".

De acordo com Erich Fromm, hoje em dia as pessoas apenas sabem ser amadas, mas não sabem amar. Admitem como certo o fato de que os outros irão fazer-lhes favores, mas elas próprias têm pouco interesse em prestar auxílio, já que isso, invariavelmente, irá tomar o seu tempo e exigirá muito esforço de sua parte. Sabe-se que esse não é um fenômeno moderno. No tempo do Buda Shakyamuni, o Rei Pasenadi de Kosala levava uma vida muito feliz com sua amada esposa. Num certo dia, resolveu perguntar a ela quem era mais bondoso. Naturalmente esperava que ela dissesse que era ele, portanto ficou atônito quando ela respondeu: "Sua majestade, não conheço alguém tão bondosa quanto eu." Mais tarde, fez uma visita a Shakyamuni, e ele lhe disse: "não importa o quão apaixonadamente as pessoas se amem, elas amam a si próprias mais do que tudo e, portanto, devem amar uma a outra assim como amam a si mesmas".

59. É vergonhoso cobiçar

Se você está cheio de desejo
Os seus sofrimentos crescerão
Como o capim após a chuva.

Algumas vezes encontramos pessoas que se sentem satisfeitas consigo mesmas por terem conseguido amealhar uma grande quantidade de dinheiro num curto tempo através de meios ilícitos ou porque conquistaram uma importante posição através de uma série de articulações indevidas. Essas pessoas, entretanto, mais cedo ou mais tarde se tornam desmotivadas. Por ocasião da sua aparente boa sorte, as coisas pareciam acontecer muito tranqüilamente, como se elas estivessem sendo conduzidas por um vento favorável. Porém, a sorte conseguida por meio da trapaça não dura para sempre, e elas terminam sendo punidas mais cedo ou mais tarde.

Bunzaemon Kinokuniya, um mercador muito rico e vendedor eficiente, tornou-se bastante conhecido após ter feito uma pequena fortuna na província de Shinano, onde conseguiu comprar madeira logo após o grande incêndio ocorrido em Edo (atual cidade de Tóquio) em 1657. Ele antecipou o aumento do preço da madeira em vista da demanda e comprou toda a madeira disponível em Kiso naquela ocasião, obtendo um enorme lucro ao revendê-la. No entanto, esbanjou o dinheiro que ganhara à custa da exploração de outras pessoas e terminou os seus dias como um homem pobre.

Aqueles que sonham fazer fortuna num tempo curto e que gracejam de pequenas quantias de dinheiro, algum dia irão lamentar-se por não terem nem mesmo isso. Como diz um antigo provérbio: "Quem planta vento colhe tempestade." Dinheiro, poder e elevadas posições que são obtidos enganando os outros nos custarão caro. Conseqüentemente, se cobiçarmos as coisas dos outros, no final iremos nos envergonhar disso.

Isso não está relacionado apenas com o que possuímos, mas também com o que sentimos. Quando Shakyamuni estava vivo, ofereceu-se uma recepção no castelo de Savatthi, na Índia, sob o patrocínio do Rei Pasenadi, do reino de Kosala. Durante a festa, enquanto os reis convidados gozavam as delícias que lhes eram oferecidas, comida, bebida, etc, o anfitrião perguntou a cada um deles o que lhes era mais agradável no mundo. Referiram-se ao sentido da visão, bem como ao da audição, do olfato e do tato. Começaram então a discutir o assunto. Quando verificaram que não era possível chegar a um consenso, o Rei Pasenadi sugeriu que eles pedissem a opinião de Shakyamuni. É dito que Shakyamuni respondeu: "o que há de mais agradável é a moderação."

Muitas vezes temos dificuldade para observar a moderação ou encontrar o equilíbrio na nossa vida diária. Apetite demasiado ou desejo sexual excessivo causarão problemas no corpo, ainda que a total supressão do desejo físico também afetará adversamente o nosso corpo. Portanto, precisamos aprender como encontrar um meio-termo adequado através da experiência.

60. Reconheça a bondade dos outros

Os seus pensamentos
Causam-lhe problemas?
A paixão perturba você?
Cuidado com o desejo,
Para que a sua vontade
Não se transforme em desejos,
E o desejo não lhe cegue.

Todos gostam de ser elogiados. Assim, um bom vendedor sempre elogia os seus clientes, preparando-os favoravelmente para que comprem o seu produto. Em função disso, os compradores muitas vezes compram coisas que na verdade não querem comprar, mesmo sabendo que estão sendo adulados. Alguns homens usam palavras elogiosas para ganhar favores de mulheres, que se deixam enganar por tais palavras.

O moralista francês La Rochefoucauld disse certa vez: "Há apenas poucas pessoas esclarecidas que prefeririam ser enganadas e aprender uma lição com isso, a serem elogiadas."

Se você me perguntasse se é bom criticar em vez de elogiar, eu responderia que não. Se descobrir os pontos positivos dos outros, você deve elogiá-los de bom coração; pois aqueles que não conseguem elogiar e tendem somente a criticar, demonstram o quanto o seu coração é pequeno.

As pessoas que reconhecem os pontos positivos dos outros e que conseguem elogiá-los, devem sentir-se satisfeitas, pois serão favorecidas.

Eu conheço um casal que está profundamente apaixonado um pelo outro. Se ela lhe fala timidamente: "Como você é maravilhoso!", ele responde: "Você que é esplêndida!". É raro hoje em dia encontrar casais que se tratem tão amavelmente, mas um respeito mútuo como esse ajuda a desenvolver uma atmosfera harmoniosa na família e só pode ser positivo.

Os sofrimentos humanos estão, afinal de contas, fundamentalmente ligados aos relacionamentos humanos, que podem se tornar uma experiência feliz e agradável, ou algo amargo e triste, conforme a maneira que lidamos com a situação.

O *sutra* budista de *Upasaka-sila* afirma: "Quando você encontrar pessoas que estão se separando, deve tentar auxiliá-los para que se reconciliem em suas diferenças. Valorize os pontos positivos dos outros e nunca mencione os defeitos deles. Se lhe contarem um segredo, nunca o revele a outra pessoa."

Se você foi sincero com alguém e essa pessoa lhe deixou, você não deve continuar apegado a ela. Deve ficar satisfeito e orgulhoso por ter agido de maneira correta. Tenha em mente que você deve ser sincero com os outros, mesmo que a separação seja triste.

61. Tenha a alegria da satisfação

Agradeça
Por aquilo que lhe deram
Mesmo que seja pouco.
Seja puro, nunca vacile.

Não há dúvida de que muitos de vocês não estão satisfeitos com os seus destinos e provavelmente se lamentam de ser mal pagos pelo trabalho que fazem. É provável também que haja entre vocês aqueles que recriminam os outros por não apreciarem o que lhes foi feito e nem tão pouco agradecerem. Eu posso perfeitamente compreender esses sentimentos, pois existem momentos em que eu sinto o mesmo.

É certamente razoável que esperemos receber uma recompensa proporcional aos nossos esforços, e é natural que fiquemos com raiva quando nos sentimos explorados. Entretanto, em nossos dias, há muitos exemplos desta exploração por todo o mundo.

Não importa quão arduamente tenhamos trabalhado, sempre seremos avaliados pelos outros. Se forem pessoas sensíveis, irão nos avaliar de forma justa; mas também é possível que tenhamos dado menos do que era esperado de nós e então poderemos ser subestimados. Se os outros não dão o devido valor aos nossos bons resultados, não devemos nos aborrecer muito com isso. Da mesma forma, se fracassarmos abaixo das expectativas, devemos refletir e empenhar-nos para atendê-las na próxima oportunidade.

Entretanto, as recompensas por nosso trabalho e pelo nosso esforço não devem ser consideradas apenas em termos de dinheiro ou de palavras bondosas, mas sim em termos da experiência que acumulamos. E ainda que essa experiência não seja muita, é de um valor inestimável.

Algumas vezes desejamos que o nosso trabalho seja reconhecido pelos outros, mas freqüentemente as pessoas que nos avaliam não estão conscientes nem mesmo do seu próprio valor e podem avaliar-nos de maneira diversa em diferentes ocasiões e de acordo com sua vontade momentânea.

Mesmo que os outros não possam reconhecer o nosso verdadeiro valor, se pelo menos nós estivermos conscientes disso, poderemos concentrar-nos nas coisas que fizermos confiantemente.

O poeta Mitsuo Aida compôs o seguinte poema:

"Os ramos sustentam as flores,
O tronco sustenta os ramos,
Mas a raiz que sustenta o tronco,
Esta nós não podemos ver!"

A existência de cada um de nós é como a dessas flores. Quando consideramos que cada flor na sua glória está nutrindo-se da sua raiz, é absolutamente impossível que sejamos vaidosos.

O novelista russo Boris Pasternak ao rejeitar o prêmio Nobel que lhe estava sendo oferecido certa vez, disse o seguinte: "O objetivo da criação é a devoção, nunca a fama e o sucesso."

62. A vida humana tem valor

Por seus próprios esforços,
Desperte a si mesmo,
Observe-se.
E viva alegremente.

Há muitas pessoas que se sentem desesperadas e cometem suicídio porque fracassaram num exame, no trabalho, no amor, e assim por diante. Eu fico imaginando se essas pessoas compreenderam a quem pertence a sua vida de fato. É um engano pensar que este nosso corpo é verdadeiramente nosso e que podemos fazer dele o que quisermos. Nós não nascemos neste mundo pela nossa própria vontade, e nossa vida desde o nascimento não está somente sob o nosso controle. Não somos apenas influenciados por aqueles que nos criam e pelos que estão à nossa volta, mas também pelas bênçãos da natureza; e não podemos ignorar o fato de que não podemos viver independentemente dessas influências.

As pessoas que cometem suicídio são indubitavelmente motivadas por razões que as compelem a isso, mas parece-me um pouco sentimental o fato de elas pensarem que podem escapar dos sofrimentos tirando a sua própria vida, na esperança de encontrarem um consolo depois da morte. Será que essas pessoas que cometem suicídio pensam naqueles que deixam para trás? Se elas têm coragem para morrer, deveriam usar essa coragem para a vida, e a sua angústia e sofrimento poderiam ser aliviados com o tempo.

A vida não é fácil. Existem muitas dificuldades e problemas, e há tempos em que não temos mais vontade de continuar vivendo. Entretanto, nesses momentos, parece-me que seria melhor se gritássemos alto: "Eu ultrapassarei isso!"

do que ficarmos desesperados. A vida humana não é algo sem valor, e precisamos compreender que ela possui uma série de altos e baixos, tais como as ondas do mar.

Embora sejamos seres insignificantes, há todavia muitas coisas a serem feitas neste mundo. Talvez não possamos realizar todas elas, mas não podemos deixar de considerar que muitas poderão ser feitas por nós. Kenji Miyazawa encoraja-nos com as seguintes palavras: "Você não sente como se o sopro de um vento límpido viesse do futuro glorioso diante de você?"

Ainda que algumas vezes possamos pensar que não estamos salvos, nós estamos de fato salvos.

Uma pessoa que fracassa num exame, numa empresa, num negócio, e assim por diante, é capaz de cansada do mundo dizer: "A minha vida é inútil". Entretanto, será mesmo assim? Como diz Goethe: " A não ser que tenhamos comido o pão com lágrimas, não poderemos apreciar a vida humana." Na verdade, somente quem falhou em alguma coisa é que teve experiências valiosas em sua vida. A única questão é de que forma irá levantar-se do seu fracasso e como fará o melhor a partir dessa experiência na vida.

63. Busque somente o que é de primeira classe

O mestre olha as coisas profundamente
E vê a natureza delas.
Ele usa seu bom discernimento
E alcança o fim do caminho.

Certas vezes ouvimos alguém ou alguma coisa ser denominado como de "primeira classe", mas o que de fato queremos dizer com esta expressão? A definição do dicionário diz que é aquilo "que está na primeira posição, acima de todos os outros." Em outras palavras, é alguma coisa que se distingue das outras da mesma espécie por sua excelência. Comparativamente, alguma coisa descrita como de "segunda" ou de "terceira classe" é considerada inferior. Sendo assim, devemos então ter o objetivo de tornar-nos pessoas de primeira classe e de obter coisas de primeira classe. E não devemos nos sentir satisfeitos com nada menos que isso.

Certamente existirão ocasiões em que isso não será possível por uma razão ou outra, mas se simplesmente abandonarmos o nosso propósito nesses casos, então nunca poderemos esperar atingir os níveis mais altos.

Pessoas ou coisas de segunda ou terceira classe parecem ser tolas e pobres de espírito. Por outro lado, ficamos encantados com a beleza daqueles que são de primeira classe e somos naturalmente atraídos por eles. Será que existe alguém que não se sente maravilhado ao ouvir uma bela sinfonia? Somente poderemos apreciar a beleza quando tivermos a oportunidade de encontrá-la em primeira mão. A beleza verdadeira não é simplesmente uma questão de fama entre aquelas pessoas famosas mundialmente, pois entre elas existem tanto as que são totalmente irresponsáveis como as de primeira classe.

Há exemplos de trabalhos de arte que alcançam altos preços mesmo que não sejam especiais, simplesmente porque o artista é bem conhecido pelo público. Muitas vezes eu me pergunto se os próprios artistas não se sentem envergonhados ao saber que algum trabalho seu, que não consideram dos melhores, foi vendido por um preço acima do seu real valor.

Pelo mesmo prisma, há sem dúvida muitas coisas boas neste mundo que ainda estão para ser descobertas. Devemos sempre buscar o que é de primeira classe e rejeitar produtos de qualidade inferior.

Numa reunião do PEN Clube no Japão, um representante da Austrália disse o seguinte em uma conferência: "A palavra PEN, do PEN CLUBE, que para nós significa ensaísta, poeta, ou romancista, não é sinônimo de verdade em nosso país, pois lá se considera que os escritores têm pouco dinheiro, então 'P' significa pobre, 'E' — excêntrico, e 'N' — nervoso". Entretanto, para muitos escritores no Japão, o 'P' significa prosperidade, o 'E' — entusiasmo e o 'N' contra-senso.* Ou seja, a prosperidade desenvolve-se em meio ao contra-senso. Eu não sei se a vida suntuosa de certos romancistas arruína a sua vida literária e artística, mas posso dizer, pelo menos, que esses escritores não podem esperar tocar as nossas almas.

---

* No original em inglês: *nonsense* (N.ed. bras.)

64. Serão os desconhecidos sem valor?

Nada que venha dos homens é capaz de detê-lo,
Nada vindo dos deuses pode detê-lo,
Nada em toda a criação pode detê-lo;
Este homem é chamado Mestre.

De um modo geral, o pensamento dominante no mundo moderno, quer vivamos num país livre ou num estado socialista, é o do 'racionalismo positivo'. Ou seja, um pensamento baseado na idéia de que somente as coisas visíveis em sua forma e divisíveis em número têm valor, e as que não são claras e que não satisfazem a esses requisitos devem ser descartadas. Uma vez que vivemos neste mundo, existimos dentro de uma sociedade controlada, e quer gostemos ou não, as nossas conquistas só serão consideradas à medida que critérios como o da renda obtida pela família, o da nossa folha de serviços dentro da organização em que trabalhamos, ou o dos resultados obtidos em nossa escola ou universidade possam ser avaliados. Não importa quão grande tenha sido o nosso esforço, se o valor numérico do nosso resultado for baixo, nunca seremos considerados peritos. Não importa o quão ardentemente tentemos fazer coisas belas, religiosa, moral e artisticamente. Se elas não forem vistas e reconhecidas pelo mundo, serão consideradas sem valor, mesmo que para nós sejam valiosas.

Por outro lado, se uma pessoa comete um ato ilegal e não há prova da culpa, ela não será condenada e continuará livre. Neste caso, a sua consciência não é questionada, e isso é absolutamente inaceitável.

É verdade que não há maneira de medirmos aquilo que não pode ser visto, e, até que uma máquina seja inventada para medir estas coisas invisíveis, elas continuarão sendo invisíveis. Entretanto, se as coisas são julgadas apenas pela forma, continuaremos a ter a crença errada de que somente as coisas visíveis têm valor; enquanto não nos tornarmos conscientes disso, as coisas espirituais, que não têm forma, serão consideradas sem valor.

Tal racionalismo fará com que percamos o desejo de buscar as coisas que não têm uma forma visível, e isso só poderá agravar a decadência do mundo moderno. As pessoas não verão nada de errado em fazer coisas que não podem ser vista pelo mundo!

65. Harmonize-se com os outros

O mestre não ofende ninguém,
Porém ele fala a verdade.
As suas palavras são claras
Mas nunca ásperas.

Há muita gente no mundo que superestima suas habilidades e conquistas e olha para os outros com desdém. Essas pessoas nunca serão respeitadas pelos outros e jamais serão populares. Há também aquelas que sentem prazer em argumentar e que se recusam a ouvir os argumentos dos seus adversários, mesmo que elas estejam erradas. Tal arrogância é intolerável, e pessoas deste tipo logo são rejeitadas pelos outros.

Em sua Constituição dos Dezessete Artigos, o Príncipe Shotoku (574-622) disse que "Cada pessoa tem o seu coração; e cada coração, a sua tenacidade. Nós devemos respeitar os pontos de vista e as idéias dos outros em todas as ocasiões; se o meu interlocutor está certo, então eu estou errado. Eu não sou necessariamente um santo, mas ele tampouco é um tolo simplesmente porque discordou de mim. Ambos somos homens comuns e como tal nenhum de nós é perfeito. Quem pode determinar quem está certo ou errado? Se ambos pensamos que somos sábios, e que o outro é que é o tolo, estaremos constantemente girando em círculos."

De outro modo, há aqueles que são sempre humildes e que apenas seguem as opiniões dos outros sem parar um momento para pensar. Estas pessoas estão simplesmente a reboque e à disposição dos outros. Elas são como escravos.

Devemos sempre tentar falar sobre as coisas com toda profundidade; e ao procurarmos harmonizar-nos com os outros, não devemos segui-los cegamente.

Não será o relacionamento entre as pessoas assim como uma partida de tênis? Os jogadores, cada um num lado do campo, diante do oponente, repetidamente batem na bola e rebatem quando ela lhes é devolvida. Quanto mais a partida demora mais eles gozam o jogo. Entretanto, se a bola que um competidor arremessa não é recebida e retornada pelo outro jogador, o jogo torna-se apenas unilateral, o que não é interessante.

Isso é aplicável ao nosso convívio social e à nossa conversação. Não será mais importante agir conjuntamente para dar a devida resposta ao outro no momento exato?

Onde não houver a troca de corações entre os dois participantes, não haverá diálogo. Somente quando as pessoas conseguirem se comunicar bem é que a sua amizade crescerá com a chance de poderem ser úteis uma à outra.

O poeta Mitsuo Aida compôs o seguinte poema: *Somente por estar aqui*:

"Somente por você estar aqui
O lugar torna-se brilhante.
Somente por você estar aqui
Os corações de todas as pessoas
Sentem-se à vontade.
Eu também quero tornar-me igual a você!"

O Poder da Vontade
e seu desenvolvimento
SWAMI BUDHANANDA

Embora haja numerosos fatores que influem no sucesso ou fracasso de uma pessoa na vida, há sempre um denominador comum: o fator da força de vontade. O grau de êxito de uma pessoa na vida é proporcional ao grau de força de vontade que ela alcançou.

Uma questão fundamental na vida das pessoas é, portanto, como desenvolver essa força de vontade.

Para isso é preciso um treinamento através do qual tanto a energia como a expressão da vontade sejam colocadas sob controle e tornem-se produtivas. É preciso evitar a dispersão mental e emocional. Isso levará naturalmente a um aumento do poder de concentração em torno dos objetivos escolhidos — que devem ser nobres.

Nas páginas deste livro o leitor encontra um instrumento eficaz para levar adiante este processo de crescimento interior.

Saúde e Espiritualidade

Uma Visão Oculta da Saúde e da Doença

GEOFFREY HODSON

Com base em investigações clarividentes e na longa prática terapêutica do autor, este livro abre as portas àqueles que desejam assumir responsabilidade sobre sua própria saúde física, emocional e mental. Contém recomendações práticas que produzem um efeito claramente positivo na vida de quem as aplique com equilíbrio e regularidade.

Essa leitura nos auxiliará a compreender que a verdadeira cura não afasta apenas os sintomas externos, mas elimina também as causas interiores da dor e da doença. E que também é possível seguir o caminho espiritual da comunhão crescente com as forças divinas que governam o Universo.

Teosofia Simplificada

IRVING COOPER

Esta obra introduz idéias sobre o sentido da vida e da morte, o destino e o livre-arbítrio, e as possibilidades da evolução do homem.

Tal conjunto de idéias, que resultam de um estudo comparativo de Filosofia, Ciência e Religião, de uma forma racional e não dogmática, constitui a Filosofia Esotérica, ou Teosofia Simplificada.

A Teosofia propriamente dita, literalmente significa "Sabedoria Divina", caracterizando um estado de consciência espiritual que transcende qualquer teoria criada pelo pensamento humano.

Dessa forma, este livro, utilizando-se dos conceitos da Filosofia Esotérica, aponta na direção da verdadeira Teosofia que é essencialmente vivencial e se desvenda numa relação harmônica com a vida dos seres na totalidade integrada da Natureza.